不過是向死而生！

Live towards Death

看透死亡本質的13堂課

從死亡恐懼中學習成功的智慧

徐文 著

樂律

> 狂妄的人自詡命運的主宰，謙卑的人甘為命運的奴隸
> 智慧的人成為命運的朋友
>
> 用信念克服迷惘，打造無悔無憾的卓越人生

目 錄

序言   005

關於死亡的思考   009

不可承受之重   029

命運由自己掌控   053

尋找希望   073

苦難是人生的試煉   099

人性應該抵達的境界   117

發掘內心的良知   137

戰勝自卑   157

目錄

意志的無盡力量　　　　　181

理想是靈魂的居所　　　　203

聆聽本性　　　　　　　　223

幸福的感受　　　　　　　241

愛的真諦　　　　　　　　257

序言

你是否難以擺脫死亡帶來的恐懼？

你是否在抱怨命運的不公？

你是否思索過活著的意義？

你的夢想被現實摧毀了嗎？

你追求的幸福實現了嗎？

你的未來是不是充滿了迷惘、困惑呢？

…………

關於人生中的這些大問題，任何人都沒有明確的答案，而這些問題本身也沒有標準答案。

然而，在現實生活中，人們總是喜歡接受那些有直接答案或者間接答案的問題，沒有答案的問題總是令人感到不舒服、不自在。不過，事實總是與理想相悖。人是不同的個體，外在世界也是不確定的，有著千差萬別的人生活在不確定的世界中，所謂的答案僅僅是自欺欺人的安慰罷了。

既然這樣，我們是不是只要漫無目的、迷迷糊糊地生活就行了呢？人生猶如一條漫長的路，所有人都必須在這條路

序言

上艱難行走，但這條路的終點在哪裡呢？人生之路的目標又是什麼呢？

人生之路通向的是死亡，死亡是人生的終點站，所以人生可以看成是一個向死而生的過程。然而，這並不意味著我們要將死亡作為人生的終極目標，而是應該設立更高的目標，好好地享受人生。其實，人生的意義就是在走向死亡的過程之中，進行一個個有選擇、有目的的活動。

那麼，我們如何才能生活得更有意義呢？首先，我們必須準確地、充分地認識自己與了解自己。猛然聽到這個答案，你可能會覺得很可笑：我怎麼會不認識自己呢？我是最了解自己的人呀！其實，你的想法是錯誤的。人生中的許多問題、許多煩惱都是因為我們無法充分地、深刻地認識自己。由於不了解自己，我們無法明確地知道自己想要什麼樣的生活，也不清楚自己的目標是什麼，所以才會覺得煩惱、困惑、無助、迷惘……

人生是無盡的，但沒有感覺的人生猶如行屍走肉，沒有思想的人生只是盲人瞎馬，沒有大膽的嘗試更是致命的。我們不曾真的死去，也從未真的出生，只是度過不同的階段而已。人生有許多階段，時間不是我們所看的時間，而是一堂接著一堂等待我們學習的課程。

只有深刻了解隱藏在現實表象下的真實，你才能準確地、清楚地認識自己，並對人生進行一次深入的思考。生活，不僅僅是生下來、活下去，更重要的是對生命價值與人生意義的追尋、探索。

序言

關於
死亡的思考

關於死亡的思考

死亡如影隨形，無處不在

死亡，在人類走上歷史舞臺時便與人類如影隨形。四千年前，古巴比倫英雄吉爾伽美什（Gilgamesh）遭遇好友恩奇杜（Enkidu）之死時，悲傷地感嘆道：「你變得黯淡，不聞我的呼喚。當我死時，豈不像恩奇杜一般？我心傷悲，懼怕死亡。」

吉爾伽美什一語道出了所有人的心聲，每個人都懼怕死亡，無論他是偉大的，還是平凡的；無論他是幸福的，還是不幸的。死亡是對人類生命最大的威脅和挑戰，是人類無法逃避的歸宿，也是人類不可抗拒的宿命。它不僅在生命的終點等待我們，還會伴隨我們一生。

從孩提時代開始，人們便開始注意到各式各樣的死亡痕跡：枯萎的落葉、凋謝的花朵、死去的昆蟲、病死的寵物、去世的祖父母……一望無際的墓地呈現在孩子們面前，目睹這一切的孩子也曾試著像父母一樣假裝視若無睹，卻又實在難以理解，便直接說出自己的憂慮。這時，大人們會責怪孩子，告訴他們不要說「死」這個不吉利的字；若實在無法搪塞，就會稍加安慰，將死亡說成是很遙遠的事情，或者告訴孩子死後還有天堂、復活、輪迴等等。

然而，父母的回答並不能排除孩子心中的悲傷與恐懼。

於是，死亡便在幼小的心靈中留下了陰影，並且世世代代延續下去，成為人類難以直視卻又無法擺脫的宿命。

「死亡距離我還很遙遠」、「誰都免不了一死」、「死了就什麼都不知道了」、「活過一天算一天」……人們總是抱著這樣的想法逃避死亡、安慰自己。於是，人們開始拚命忙著工作、忙著賺錢、忙著享樂，企圖將死亡自腦海中刪除，從心靈中揮去。就像鴕鳥一樣，在死亡來臨之前將頭埋在塵世喧囂的沙土中，今朝有酒今朝醉，明日杯空明日憂。殊不知，這只能躲過一時，死亡遲早還會找上門來。

我們不得不承認，死亡是最個體化，同時也是最平等的。在生死關頭，誰也不比誰強，誰也不比誰弱，誰都不可能置身事外。在臨死之際，任何人都只能完完全全是自己，不可能是他人。正如我們在出生時帶來了世界上從未有過的東西，在我們死後，我們也帶走了世界上再也不會出現的東西。

死亡也是隨時都有可能降臨的。從我們來到這個世界之日起，我們就不得不準備迎接死亡的到來。沒有人會永遠年輕，也沒有人會一直健康。就算我們再年輕、再健康，死亡也從不會停止對我們的窺視。無論是死於意外，還是死於犯罪，在年輕、健康時死去並不是罕見之事。死亡距離我們很近，我們必須做好隨時面對它的充分準備。

其實，人類一輩子都在準備著，卻唯獨對死亡沒有準備。

關於死亡的思考

迦沙・喬達彌（Kisa Gotami）是一位生活在佛陀時代的少婦，她的第一個兒子在一歲左右就病逝了。於是，她抱著兒子去找佛陀，希望佛陀能夠讓她的孩子復活。佛陀要她去找一戶不曾死過親人的人家，討一粒芥菜籽交給自己，便可以幫助喬達彌的兒子復活。

喬達彌在向第一戶人家詢問時，主人告訴她：「我們家已經死過很多人了。」第二戶、第三戶⋯⋯她走遍了全城，答案都依然如此。

喬達彌終於了解佛陀的要求是無法辦到的，而且她也深深地意識到世界上不僅是她一個人才會受到死亡的威脅與折磨，其他人也是一樣。

在喬達彌的故事中，有一件事值得我們再三思索：死亡，是每個人都必須面對的，無一人可以倖免。既然無法逃離死亡，倒不如直視死亡，從死亡中汲取生的意義和價值。在這一層意義上，當代西方哲學開始將死亡當作人類的基本生存背景，並將死亡當作現實生活的一部分 —— 練習死亡，向死而生。這些觀點看起來十分恐怖，但其背後蘊藏著無限的生機。

死亡，是生命硬幣的背面，它總是透過各種方式投射到生命本身，就像照片的底片被製成正片，以便讓我們看得更清楚。因此，死亡的作用就在於引發我們思考，但是思考的不是死亡本身，而是生命。這就彷彿置身於一個無法穿越的

網球場,被死亡驚醒的思想在死亡上產生反彈,並且一次又一次地反彈回生命之中。我們絕對不能為了不看見死亡而緊閉雙眼,也不能任由自己驚慌失措地在死亡面前盲目遊蕩。

死亡,提供一種可以試圖理解生命的選擇,進而引發我們的思考,強行將我們變為思想者,變為一個沉思的存在者。

關於死亡的思考

對死亡的恐懼是人類最大的憂慮

音樂史上曾發生過一樁著名的「國際音樂奇案」：因為一首名叫〈憂鬱的星期天〉（*Gloomy Sunday*）的樂曲而自殺的事件接連不斷地發生。在匈牙利157人的自殺事件中，許多人都直接或間接地和這首歌有關；這首歌傳到其他國家之後，更成為許多人死亡的直接或間接誘因，因此它被查禁長達13年，也被稱為「死亡音樂」或「魔鬼的邀請書」。

在「國際音樂奇案」中，很多人把這些人自殺的原因歸結為〈憂鬱的星期天〉這首樂曲，認為大家就是因為聽了這首樂曲而自殺的。其實不然，一曲音樂本身是不具備殺傷力的，那些聽了〈憂鬱的星期天〉後自殺的人本身就有對生命的恐懼與焦慮，而〈憂鬱的星期天〉剛好出現在二戰後的經濟大蕭條年代，這是人類精神屢遭迫害、生存受到威脅的時代。在這樣的背景下，再加上那憂鬱得讓人心碎的曲調，便使得很多人產生焦慮與恐懼，從而引發自殺事件。

確實，生命無常。從我們呱呱墜地那一刻起，死亡的陰影便如影隨形。因此，人們一直生活在死亡的焦慮中。然而，大多數人在意識層面並未覺察到自己對死亡的焦慮。這種焦慮被那些經過偽裝、改頭換面呈現出來的表象所取代，例如痴迷於累積財富、盲目追求名望、貪圖享樂，因為這些

對死亡的恐懼是人類最大的憂慮

都可以提供人們所謂的「不朽」。

不過，這些表象的東西並不能賦予我們人生的意義，也無法充實我們的心靈。當黑夜降臨，遠離喧囂，我們獨自面對靈魂時，它們並不能驅走我們內心對死亡的恐懼，而這種恐懼又不可避免地影響了我們享受生命的歡娛，剝奪了人生真正的快樂。因此，許多人對人生充滿仇恨，甚至頗具諷刺意味地選擇自殺；另一些人則沉溺於狂亂和迷惘之中，以此來逃避存在的真相，逃避在前方等待著我們每個人的最終宿命。

無論是選擇自殺的人，還是沉溺於狂亂和迷惘中的人，他們這麼做都是出於對死亡的恐懼。死亡是威脅人類的最大災禍，人類最大的憂慮莫過於對死亡的恐懼。人們之所以懼怕死亡，那是因為人們害怕死後會受到懲罰或者任何不為人知的威脅，又或者害怕死後一切都會變成虛無，這種虛無意味著他們將失去他們曾經所擁有的全部。

但是，對於那些能夠反思死亡的人來說，死亡對其無法構成任何威脅。地獄的恐怖，只不過是人們編造出來以嚇唬那些不安分的人。因而，對於死亡，我們沒有什麼好害怕的，因為我們從來都不與它共存：當我們在時，死亡是不在的；當死亡到來時，我們就已經不在了。

我們完全沒有必要懼怕死亡，為那些我們已經不在人世間的將來的歲月感到不安和憂慮，與為那些我們尚未來到人

關於死亡的思考

世間的過去的歲月感到不安和憂慮是一樣愚蠢的。我們在出生之前從來不會因不存在而痛苦，因而，假設我們死後會因自身的最終消失而痛苦，便顯得十分荒謬。

從根本上來說，當死亡經由我們的想像帶給我們痛苦時，我們應該了解，至少現在我們還活著。而且，我們更應該思考一下出生所帶來的驚喜，這種驚喜應該與死亡的驚恐同等強烈。如果死亡就是不存在，那麼，我們至少戰勝過它一次，那就是在我們出生的那一刻。

我們是會死的，但是我們已經從死神手中偷走了一些時間，那些我們已經活過的年、月、日，以及我們將要繼續活著的每一分、每一秒。這些時間不管我們如何度過，它們終歸是屬於我們的，屬於我們這些已經勝利降生於世上的人，而不屬於死神，儘管我們以後終將無可避免地死去。

人們對死亡的焦慮來自於從未充分發現自己的潛能，他們為此深深地感到遺憾。你越不曾真正活過，對死亡的恐懼也就越強烈；你越不能充分體驗生活，也就越害怕死亡。與其在死亡的恐懼中抱憾終生，不如好好地思考人生，充實地過完這一生。

面對死亡需要勇氣

一個僕人驚慌失措地跑到主人面前稟告，他在市場上見到了死神，死神不停地恐嚇他。他請求主人准他的假，以便儘快趕到撒瑪拉去，因為只有在那裡，死神才找不到他。主人准了僕人的假，自己卻跑到市場上去見死神。主人找到死神後，便責問他為什麼恐嚇、威脅自己的僕人。死神回答說：「我並沒有恐嚇、威脅他，我只是感到十分驚奇，沒想到居然在市場上見到他，因為我們原來約定的是今天晚上在撒瑪拉見面。」

在世界上的任何地方，死亡都可以找到我們，即使我們在任何可疑和陌生的地方設防。沒有任何方法可以躲避死亡的打擊，也沒有任何人可以倖免一死。

死亡何時到來？死後我們將去往何方？關於死亡，有太多的不確定。死亡是個大謎團，但有兩件事情是可以確定的：第一，我們總有一天會死；第二，我們不知道何時會死，也不知道會怎麼死。因此，我們總是用不知道何時會死作為藉口，延遲對死亡的正視。我們就像小孩子玩捉迷藏一樣，矇住眼睛就以為別人看不到我們了，只不過是掩耳盜鈴。

其實，在每個人的內心都有一個吸引災難的磁石，所有一切都是由心相投影到現實之中，負面思考的內心會吸引負

面的現實,而正面思考的內心會吸引正面的現實。越是懼怕死亡、逃避死亡,你的內心就會只有死亡的存在,而你就會奔向死亡、追逐死亡。反之,如果對於死亡的恐懼降低,也就比較容易接受死亡;增加對別人的關懷,肯定愛的重要性;追求物質的興趣降低,更加相信生命的精神層面和精神意義。

在列夫‧托爾斯泰(Leo Tolstoy)的小說《伊凡‧伊里奇之死》(*The Death of Ivan Ilyich*)中,傲慢、狹隘、自私的中年官員伊凡‧伊里奇得了絕症,疼痛一直折磨著他。當死亡臨近時,他才意識到自己將全部人生都用來追求名譽、聲望和金錢,藉此來逃避死亡。伊凡‧伊里奇對那些毫無根據地說他會康復的人充滿憤怒,因為他們會誤導他將這一生的錯誤繼續下去。

在和自己的內心深入交談之後,他清楚地意識到:他死得如此糟糕,這正是因為他活得如此糟糕。他的整個人生都錯了,為了逃避死亡,他竟然沒有為自己好好活過。他覺得自己的人生就好像平時坐在火車車廂裡,當他以為自己在前進時,卻是在後退。隨著死亡逐漸逼近,伊凡‧伊里奇試著溫柔地對待他人:當小兒子親吻他的手、當僕人充滿關愛地照料他,甚至對他年輕的妻子,伊凡也第一次感受到了那份柔情。最終,他沒有在疼痛中死去,而是在充滿愛心的愉悅中安然闔眼。

面對死亡需要勇氣

就像伊凡・伊里奇一樣，只有在面對死亡威脅的時候，人的自我意識才會真正的誕生。看過電影《飛越奪命橋》(*The Cassandra Crossing*)的人都知道，當列車開往卡桑德拉大橋，其實也是在通往死亡的途中。正是在這個時候，哲學意義上的自由才得以彰顯：可以選擇跳車逃走，可以奮起反抗，也可以一動也不動地坐以待斃。但是，無論選擇哪一種方式，都是其自由選擇的結果，都必須為此付出代價。

只有面對死亡的時候，人們才能夠破除成見，把真與假、善與惡等界限看得模糊。死亡，在其最深處終於釋放了人的自由。雖然死亡可以從肉體上摧毀我們，但死亡也從精神上拯救我們。面對死亡，需要我們以一顆平常心來對待。我們既要把死亡當作生活中的「日用品」，又要把死亡當作奮發的動力。唯有如此，我們才能從對死亡的悲觀和樂觀中擺脫出來，進而將向死而生的奮鬥精神帶到生命中。

在蘇格拉底（Socrates）被執行死刑之前，蘇格拉底其實依然有好幾次活命的機會。例如，蘇格拉底有機會進行一次申辯，只要他在這次申辯中承認錯誤，並懇請希臘公民考慮到他的妻兒，放他一馬，並願意繳納一定的「贖罪金」，依據當時的慣例，蘇格拉底完全是可以被免除死刑的。而且，他的學生們已經為他準備好了「贖罪金」。除了這個機會之外，蘇格拉底還可以透過越獄的方式，逃往其他國家來避免死刑。然而，蘇格拉底沒有這麼做。蘇格拉底不僅沒有懇求

希臘人的原諒,反而譏諷希臘人判處他死刑是他們自己的損失,並留下了名傳千古的〈蘇格拉底的申辯〉(*Apology of Socrates*)。

死亡,沒有什麼可畏懼的,關鍵是死亡是否具有價值和尊嚴,這是蘇格拉底留給我們最寶貴的財富。

雖然死亡本身有著猙獰的面孔,但對於生命自身而言,最可怕的是失去面對死亡、超越死亡的勇氣和力量。而這種勇氣和力量則是一個生命主體性的展現和昇華,只要我們能始終堅持這種主體性的力量,將我們的精神追求放在肉體享樂的前面,將對於生命意義的追求放在面對死亡的恐懼之上,我們就能夠獲得向死而生的態度和力量,就能夠從死亡中獲取不朽和超越。

永生是一種天罰

　　長生不老，是每個人的夢想。然而，一旦死亡之神真的將你遺忘在某個角落，你就一定能如願以償地獲得想像中的快樂與幸福嗎？

　　存在主義者、尚-保羅·沙特（Jean-Paul Sartre）的終身伴侶西蒙·波娃（Simone de Beauvoir）所寫的《人都是要死的》（*Tous les Hommes sont Mortels*），似乎給了我們答案。

　　雷蒙·福斯卡（Raimon Fosca）出生於十三世紀義大利的卡爾莫那邦國，他雄心勃勃，幻想著建立一個富足、理性、和諧、大同的國度。他偶然得到了來自法老的不死藥，並在重新開始的永恆生命中大展抱負。

　　接下來的兩百年裡，理想在他的努力下都一一成為現實：卡爾莫那不僅在城邦混戰中變得強大，而且還躲過了蔓延整個歐洲的黑死病，消滅了宿敵熱那亞，成為義大利最強盛的邦國。

　　但是，整個歷史沒有按照他的理想發展，而是走向了理想的反面：隨著軍隊的壯大，戰爭也逐漸日新月異；人們雖然躲過了瘟疫，卻躲不過戰爭；消滅了強敵，卻迎來了更強的敵人；國家富強了，但窮人依舊貧窮，富人照樣在奢侈地生活……他的所有努力最終都成為徒勞。那些有生有死的人永遠不會按照他的方式去改善世界，一代又一代、一個世紀

關於死亡的思考

又一個世紀地重複著相同的行為,用相同的方式力圖證明自己的存在⋯⋯

最終,福斯卡才明白:「我活著,但是沒有生命。我永遠不會死,但是沒有未來,這是一種天罰。」

「我什麼都不要,我什麼都不是。我一步步朝天涯走去,天涯一步步往後退;每天傍晚,天涯落下同一個太陽。水珠往天空噴去,又濺落在地上,時光摧殘時光,我的雙手永遠是空的。」他不敢睡,因為害怕噩夢。夢見天空中的月亮照著白茫茫的一片大地,只有一個孤零零的人和那隻老鼠在永恆裡團團打轉⋯⋯

原來,永生是一種天罰。

其實,靜下心來想一想,人們渴望長生的真實原因在於不願捨棄自己獨立的、特殊的身分。如果我們勇於面對自己的身分,就會發現我們的這個身分是由一連串永無止境的元素支撐起來的:姓名、工作、家庭、房子、信用卡、同事、朋友、家人⋯⋯於是,我們把安全感建立在這些脆弱且短暫的支撐之上。然而,當這些支撐元素完全被拿走後,我們還知道自己到底是誰嗎?

如果離開了這些我們所熟悉的元素,我們所面對的就是赤裸裸的自己:一個我們不熟悉、令我們焦躁的陌生人,我們一直跟他生活在一起,卻從來沒有勇氣正面面對他。我們總是試圖以一些無聊或瑣碎的喧鬧來填滿每一個空白時刻,

以保證我們不會單獨地面對這位陌生人。

我們一直生活在這個虛擬的身分下，並且費盡心血以維持這個特殊的身分，甚至不惜犧牲自己的幸福。如同《愛麗絲夢遊仙境》(Alice's Adventures in Wonderland)中的假烏龜，在激情的催眠之下，我們太過沉迷於建造房子的快感，竟然把生活的房子建在沙上。

這不正是我們生活方式的悲劇嗎？

一個人誕生，他的煩惱、痛苦也跟著一起誕生。有些人活得越久，就變得越愚蠢，因為他為了逃避不可避免的死亡，變得越來越焦慮。這是一件痛苦的事情！

一個人要回答「對誰需要？對什麼需要？」，需要一個前提：人，都是會死的。而當我們死亡之時，什麼都帶不走，尤其是我們如此鍾愛、如此盲目依賴、如此努力想活下去的肉身。

如果沒有了死亡，理想、愛情、幸福，以及痛苦、失望、悲哀等，這一切都將不再重要。如果沒有必然的消逝，存在的一切都將被磨蝕，成為日漸擴大的空洞，這個空洞最終將吞沒所有的存在，成為萬劫不復的虛無。

人，必然是要死的。一個人只有勇敢面對死亡的時候，才能夠真正勇敢地面對自己。對於每個人，生命都有一種特殊的意義，這樣的一個獨特生命是永遠不會重現的。在每個

人身上,生命沒有一點一滴不是嶄新的。人是可以有所作為的,只要充滿信念,願意為自己的信念奉獻寶貴的生命,人生就有了價值,就會一代代傳下去,使人的一生充滿希望、理想、幸福……

關愛是化解死亡之毒的良藥

一位名叫安格納的女人快要死了，她充滿了痛苦和恐懼，非常希望能獲得別人的愛。她的兩個姊姊被深深震撼了，其中一個突然清醒過來，意識到自己的人生「充滿了謊言」。但是，她們兩個都無法走近安格納的心靈，也沒有能力與其他任何人產生親密關係，她們甚至充滿恐懼地躲開了即將死去的妹妹。只有女傭安娜願意抱著安格納，她們緊緊地擁抱在一起。

安格納死後不久，她孤獨的靈魂遊蕩回來，用一個可怕的孩子的聲音哭訴著，並乞求姊姊擁抱她，因為只有這樣她才能真正死去。她的兩個姊姊想要靠近她，卻又害怕死人冰冷、斑駁的皮膚，她們似乎提前看到了自己必將到來的死亡，驚恐地從房間裡跑出去了。這一次，又是安娜的擁抱讓安格納真正走完了死亡的旅程。

這是英格瑪・柏格曼（Ingmar Bergman）導演的著名電影《哭泣與耳語》（*Cries and Whispers*）的片段，這部電影非常具象而深刻地描述了死亡的孤獨感，以及人際關係對人們的重要性。

死亡的孤獨感來自對死亡的恐懼。隨著死亡的逼近，臨終者的這種恐懼會越來越強烈：恐懼受苦、恐懼尊嚴蕩然無

存、恐懼依賴別人、恐懼這輩子所過的生活毫無意義、恐懼離開所愛的人、恐懼失去控制、恐懼失去別人的尊敬……這時，臨終者將感到孤獨、寂寞。然而，當有人陪著他面對恐懼，他就會了解到原來恐懼是普遍現象，個人的痛苦就會因而消失。

因此，臨終者最需要的是別人能夠對他表達無條件的愛，越多越好。這種愛，遠勝過藥物麻醉劑，不僅可以減輕死者的痛苦，而且能夠驅除臨終者內心對死亡的恐懼，使臨終者內心歸於平靜，讓臨終者安詳地離開人世。

那麼，對於臨終者，我們又該如何表達我們的愛呢？

首先，我們要做的是對臨終者說真話，告知其死亡的臨近。現實生活中，大多數人會對死者隱瞞真相，這是錯誤的做法。世界上最了解自己的人莫過於自己，臨終者了解自己的身體狀況，而且從別人對他注意力的改變、不同的對待方式、講話音量的降低、親戚的淚水、家人緊繃的臉……意識到自己將要離開人世了。這時，如果我們還是對臨終者隱瞞病情，只會加重臨終者的心理負擔，讓臨終者看不到希望，從而加速死亡。

臨終者會對一些未完成的事情感到焦慮。如果臨終者不整理一下未完成的事，就無法放心去世，因為他們對自己過去所做的事情無法完全釋懷。當一個人去世時還懷著罪惡感或對別人的惡意，是不會安詳坦然地離去的。有時候，人們

關愛是化解死亡之毒的良藥

會覺得在即將離開人世時才去治療過去的痛苦,會不會太晚了?答案是絕對不會太晚,即使經過巨大的痛苦和虐待,人們仍然可以發現彼此寬恕的方法。死亡的莊嚴和肅穆,令人不由自主地變得寬容、豁達,儘管在此之前是無論如何也做不到的。在生命即將結束的時刻,一生的錯誤還是能得到寬恕或諒解。

一個人去世時最理想的狀態是放下內在的一切,在那個關鍵時刻,心不被欲望攀緣,不被執著所牽絆。因此,在去世時必須盡力解脫臨終者對一切財物、權勢、親人、朋友的眷戀。也許,有的人認為這樣做是對愛的一種背叛,認為這是不愛的象徵。其實不然,試想當我們坐在所愛的人床邊,以最深切、最誠懇的柔和語氣說:「我會一直在這裡陪著你,我愛你。你將要過世,死亡是一件很正常的事情,希望你能以平和的心態來面對它。雖然我希望你能夠永遠陪伴在我身邊,但我不想讓你再承受更多痛苦了。我們相處的日子已經足夠我回憶了,那些記憶會伴隨我度過我的餘生,我將會永遠珍惜。現在,請不要再執著生命,放下一切,我完全誠懇地允許你離去。你永遠不會孤單,現在乃至永遠,因為你會擁有我全部的愛。」讓臨終者放下眷戀與執著,這是對臨終者最深沉的愛。

在對臨終者進行臨終關懷的過程之中,也可以讓我們自己深刻地認識死亡,進而讓我們更勇敢、更坦然地面對死

亡，並以死亡為參照物，積極面對生命中的諸多問題。

　　完整意義的人生，勢必伴隨著痛苦。其中，面對心愛之人的死亡是最大的痛苦。生命的本質就是不斷改變、成長、衰退的過程，選擇了生活與成長，也就選擇了面對死亡。我們應該學會坦然地接受死亡，不妨把它當成「永遠的伴侶」，想像它始終與我們並肩而行，藉此豐富我們的心靈，讓我們變得更加睿智、理性和現實。

　　在「死亡」的指引下，我們將清楚地意識到：人生是如此短暫，而且愛的時間是有限的，我們應該好好珍惜和把握。不敢正視死亡，就無法獲得人生的真諦，無法理解什麼是愛，什麼是生活。

　　萬物永遠處在變化中，死亡是一種正常現象，若不肯接受這一個事實，我們就永遠無法體會生命的真正意義。

不可承受之重

不可承受之重

健康是生命的基礎

生命的誕生是很不容易的，人身難得。從醫學的角度而言，在男女的性行為中，幾千個、幾萬個精子一起出來，就好像許多兄弟姊妹賽跑，衝到最前面的那一個，才有機會成功地創造出人，其他的就被淘汰了。

生命的難得，就如同大海中的盲龜，撞到一個海上漂流的木板，一抬頭，剛好伸進這個板子的洞裡。我們每個人都應該珍惜生命，珍惜生存的機會，並確保自己的健康。

那麼，究竟什麼才是健康呢？不朽、純粹的快樂，不含絲毫敵意的纏綿愛情？當然，這些都令人嚮往，但這並不意味著，沒有它們的生活就是一種疾病。

關於這個問題，聖人孔子早在兩千多年前就已經提出了答案。

哀公問孔子曰：「有智壽乎？」孔子曰：「然。人有三死而非命也者，自取之也：居處不理，飲食不節，勞過者，病共殺之。居下而好干上，嗜欲不厭，求索不止者，刑共殺之。少以敵眾，弱以侮強，忿不量力者，兵共殺之。故有三死而非命者，自取之也。」

也就是說，在孔子看來，人有三種死法不是命運注定

的，而是個人的自取滅亡。第一種：居住的環境不夠整潔、雜亂無章，飲食沒有節制，過度疲勞者，疾病就會纏身，最終導致死亡。第二種：作為下屬不安分盡職，總是想越俎代庖地做一些管理領域的事情，這種貪得無厭、野心膨脹的人，必將遭受刑罰而導致死亡。第三種：處處樹敵，寡不敵眾，以弱侮強者，這種自不量力的人必然會被群起而攻之，最後自取滅亡。

我們總是以為「長壽」很難，實際上，只要避免了孔子所說的三種情況，長壽又有何難呢？人的幸福相當程度上來自於自身的美好素養——健康的身體、高尚的品格、超群的智慧、良好的性情。所以，我們應該注重維持和改善自身素養，而不是把目光投向身外的財產和榮譽。

如果想要維持生命歷程的正常運行，無論是整體還是部分，都需要運動。生命的本質在於運動：身體的內部組織不停地運動，心臟就會舒展自如，不知疲倦地運動；心臟每跳動一次，身體內的週期循環便完成一次；一次脈搏，一次呼吸，大腦也隨之完成一次雙重運動。人體的內外應該互相配合和支持，人如果不運動，那麼人的體外和體內就會不協調，就像是某種情緒使我們熱血沸騰，但我們又不得不壓抑使其不表露出來。

人的主要本質之中，能夠帶來幸福的直接因素莫過於保

持良好的性情。良好的性情所帶來的益處會直接呈現出來，這種愉悅的性情能夠取代內在的本質，其他本質得來的益處卻無法代替它。一個人或許年輕、英俊、富有，備受尊重，但要判斷這個人是否幸福，我們只需要去了解這個人是否愉快。如果愉快，其他並不重要，無論貧富貴賤，強壯體弱，他都是幸福的。

誰經常笑，誰就幸福；誰經常哭，誰就痛苦不幸。這是一句再普通不過的話，但它卻包含著樸素的真理。愉悅之情無論在何時到來，我們都應該歡迎。愉悅之情是幸福的現金，而其他都只是兌現幸福的支票，愉悅之情帶給我們的好處是直接的。

對於我們的生存來說，愉悅之情就是上帝的恩賜，我們的生存就是現在。可見，我們應該把追求愉悅之情放在第一位。而增進愉悅之情首推健康的身體，最次為金錢。這就是為什麼勞工的臉上時常洋溢著幸福的笑容，富貴之家卻愁苦滿腹的原因。

一個人的幸福取決於愉悅之情；愉悅之情則取決於良好的健康狀況。如果我們把我們所處健康的日子和被病魔折磨得焦頭爛額的時刻，以及我們在兩種環境中的心情進行對比，結果就不言而喻了。

我們的幸福九成在於良好的健康狀態。健康是一切快樂

的泉源,沒有了健康,其他的一切都將失去意義,精神、性情、氣質等,也會大打折扣。所以,人生最大的愚蠢就是為了財富、官位、聲譽,以及其他歡愉而獻出自己的健康。請牢記:人不長壽是一種罪,把健康放在第一位是我們的必然選擇。

欲望是把雙刃劍

在希臘神話中,坦塔洛斯(Tantalus)因侮辱眾神被打入地獄,並因此永遠承受著痛苦的折磨:坦塔洛斯站在一池深水中間,波浪就在他的下巴處翻滾。可是,他需要忍受著烈火般的乾渴,喝不到一滴水,雖然水就在嘴邊。他只要彎下腰去,想用嘴喝水,池水立即就從身旁流走。同時,他還得忍受飢餓的折磨。在他的身後就是湖岸,岸上長著一排果樹,結滿了纍纍果實,樹枝都被壓彎了,吊在他的額前。他只要抬頭朝上張望,就能看到樹上掛著誘人的梨子,鮮紅的蘋果,火紅的石榴,香噴噴的無花果,綠油油的橄欖。可是,當他踮起腳來想要摘取時,空中就會颳起一陣大風,把樹枝和果實吹向空中。除了忍受這些折磨之外,最可怕的是時時刻刻面臨的威脅,因為在他的頭頂上吊著一塊大石頭,隨時都會掉下來,將他壓得粉碎。

坦塔洛斯的痛苦來自於他的欲望,如果他對眼前的東西無欲無求,他就不必忍受痛苦的煎熬。

一個人的欲望越強烈,他的痛苦就越深,因為欲望經常附在他身上,不斷地啃噬他,使他的內心充滿痛苦與矛盾。因此,人們很多時候主張禁欲,以為欲望泯滅了,也就遠離了煩惱與痛苦。

欲望是把雙刃劍

然而,生命需要許多能量來支持:欲望、憧憬、期待、喜愛、憎恨……欲望,有時是吞噬身心的鬼魅,把自己推入萬劫不復的深淵;有時又是追求幸福的動力,是令生命火焰得以燃燒的柴火。

西元1823年,35歲的大詩人拜倫勳爵(Lord Byron)已經開始失去欲望了,他的生活變得無聊,如一潭死水般。於是,那年夏天,他跟著軍隊朝希臘出發,準備將生命獻給戰爭。行軍途中,他致信詩人歌德(Goethe),傾訴自己的苦惱。當時,歌德已是75歲高齡。

一個風華正茂的生命沒有生活目標,沒有情人,不想結婚,更不敢談戀愛,將生活寄託於一場戰爭。而另一個風燭殘年的生命卻正準備向一個年輕的女人求婚,他的生命力像一個年輕人一樣旺盛。

拜倫聞訊後,在異國他鄉更加憂傷,他說自己是年輕的老人,而歌德是年老的年輕人。

一年後,拜倫在沒有結果的戰爭中病死。臨死前,他對醫生說:「我對生活早就煩透了,我來希臘,就是為了結束我所厭倦的生活,你們對我的挽救是徒勞的,請走開!」

那時,年邁的歌德還在那個美麗的女子懷裡享受著生活,他的詩作一篇比一篇華麗,而且充滿了激情。

讓人迷失自己的有時候是欲望,有時又是沒有欲望。斷了欲望,就是心的死亡。幸福、成功,離不開生命欲望的熊熊燃燒。太多的欲望會拖累人的心靈,但失去了欲望,生活

就只剩下了無聊、孤獨、死寂。

　　生活本身就是一個接一個的永無休止的欲望。一個只求能夠賺錢養家餬口的人最終會發現，他其實還想要更多的東西，於是這又成了新生活的目標，直到他被滿足為止。但是，滿足之後又會有新的欲求，於是只好無休止地走下去。這並不是說生活中充滿挫折，而是說生活就是永無休止的欲望，人不可能獲得最終的滿足。正是這些欲望和欲望的滿足賦予了生活意義，使生命得以延續。

　　我們所謂的人生，其實就是在欲望和成就之間不斷流轉。這需要我們適度的把持，凡是追求欲望的滿足作為幸福目標，必然墮入不幸。恰是放棄這種幸福渴求折磨的，反而能獲得寧靜的幸福。

人格的寬度決定人生的高度

對「人格」的定義，可以用一個公式來表達：性格＋哲學，性格是人與生俱來所擁有的，而哲學是在人生過程中學來的，兩者合而為一，成為人格。換句話說，先天的性格加上後天形成的哲學，造就了我們的人格，也就是心靈的品格。

一個人本著什麼樣的人生哲學度過人生，將會決定他的人格。如果人生哲學扎根不深，這棵人格之樹的枝幹不會粗壯，也無法長成頂天立地的大樹。

那麼，應該秉持什麼樣的哲學呢？

正所謂君子以厚德載物，一個人在做人做事方面都應該順其自然，胸懷博大，寬以待人。一個人的能力是有限的，心胸開闊、寬容待人就能得到別人的尊重和愛戴。

世間技巧無窮，唯有德者可用其力；世間變幻莫測，唯有品格可立一生。這就是作為一個成功人士、或希望成為一個成功人士的人應該具備的道德特質，「道之以德」、「德者得也」。《左傳》中說：「太上有立德，其次有立功，其次有立言，傳之久遠，此之謂不朽。」最上等的是確立高尚的品德；次一等的是建功立業；較次一等的是著書立說。如果這些都

能夠長久地流傳下去，就是不朽了。這就告訴我們，要以道德來規範自己的行為，只有具備優秀品格的人，才能獲得人生的樂趣，體會到生命的精采。

人格，是人生的桂冠和榮耀。它是一個人最高貴的財產，它構成了人的地位和身分本身，它是一個人在信譽方面的全部財產。人格使社會中的每一個職業都成為榮耀，使社會中的每一個職位都受到鼓舞。它比財富更具權威，它使所有的榮譽都毫無偏見地得到保障。它伴隨著時時可以奏效的影響，因為它是一個人被證實了的信譽、正直、言行一致的結果，而一個人的人格比其他任何東西都更顯著地影響著別人對他的信任和尊敬。

中國古代士人特別強調修身。荀子在兩千多年前就明確指出：「君子博學而日參省乎己，則知明而行無過矣。」儒家的經典人生道路就是「修身、齊家、治國、平天下」，把修身放到了一個基礎地位，先有高尚的品行，然後在事業上才能獲得最終的成功。因此，要成大事，就要做到誠摯待人、光明坦蕩、寬人嚴己、嚴守信義。只有這樣，才能贏得他人的信賴和支持，從而為事業的發展打下良好的基礎。

在人的一生中，尤其是年輕時，容易被容貌的美醜所束縛，而不考慮關係到整個人生的品格之美。事實證明，只注重外表的人往往因外表而毀滅，看重品格的人卻因此獲得永生。

在紐奧良的一個大廣場上佇立著一座漂亮的大理石雕像，雕像上有這樣一句話：「瑪格麗特雕像，紐奧良。」

在黃熱病瘋狂蔓延的情況下，瑪格麗特·豪里（Margaret Haughery）活了下來，成了一個孤兒。長大後，她結婚了，但不久她的丈夫就去世了，唯一的孩子也死了。她非常貧窮，也沒有就學，除了會寫自己的名字外，幾乎不會寫字。於是，她就去了女子孤兒收容所工作。後來，瑪格麗特在這個城市開了一家自己的乳製品麵包店。每個人都認識她，並且資助她購買運送奶製品的小車和烤麵包的爐子。

瑪格麗特非常努力地工作著，節省下每一分錢來幫助孤兒。她從來沒有買過一件絲綢衣服，也沒有戴過一雙羊皮手套。雖然她長得不漂亮，但當她離開人世後，這座城市卻為這位孤兒建造了一座美麗的紀念雕像，作為對一個美麗的、有益的、無私之人的感激。

瑪格麗特的外表不是美麗的，但她因為人格的美麗成為這座城市的象徵。外表的美固然能從視覺上給予人強烈的衝擊，但外表的美會消失，只有內心的美才能歷久彌新。

決定一個人高貴與否，重要的是看他的品行，而不是看他長得如何、穿著怎樣。如果你品行低下，終日遊手好閒，虛度光陰，那麼，即使你全身用名牌武裝，也無法使自己變得高貴。要讓自己變得高貴，首先得陶冶自己的情操，讓自

己成為一個品格高尚的人。只有華麗的外表，而沒有高尚的人格，這樣的人不僅不受歡迎，反而會遭到人們的唾棄。

總之，高貴離不開品格的完美。如果沒有良好的道德特質、完美的內心世界，再漂亮的外表，也只能充當服裝店裡的衣架子而已。只有你的品格能讓你一飛沖天，成就廣大的生命格局。

總盯著痛處，就看不到光明

一名塗鴉者聲稱：「阻止事情發生的唯一方法，就是在事情發生之前讓它停下來。」這個辦法聽起來很有道理，但實際去做時才知道是不可能的。這就是問題的關鍵所在，我們不可能生活在過去。因此，很多人猛烈抨擊這種方法。既然無法阻止過去的事情發生，就沒必要對它念念不忘。

在生活中，我們可能會聽到很多正確的警句，如「過去的事情就讓它過去吧」、「時光無法倒流」等，這些話都是在告誡人們，在人生過程中，不要為昨天打翻的牛奶而哭泣。沒有人能回到過去、重寫歷史，你的過去始終不會改變，所以不要再試圖改變過去了。

一位哲學家無意間在古羅馬城的廢墟裡發現一尊「雙面神」神像。這位哲學家雖然學貫古今，卻對這尊神很陌生，於是問神像：「請問尊神，你為什麼有一個頭，兩副面孔呢？」

雙面神回答：「因為這樣才能一面檢視過去，以汲取教訓；一面展望未來，以給人憧憬。」

「可是，你為何不注視最有意義的現在呢？」哲人問。

「現在？」雙面神茫然。

不可承受之重

哲人說:「過去是現在的逝去,未來是現在的延續,你無視現在,即使對過去瞭若指掌,對未來洞察先機,又有什麼意義呢?」

雙面神聽了,突然嚎啕大哭起來。原來,他就是沒把握住「現在」,羅馬城才被敵人攻陷,他也被人丟棄了。

大多數沉溺於過去的人相信回顧過去是非常有價值的,他們認為這樣可以更清楚地認識自己,分析自己為什麼會做這些事,為什麼會以這種方式應對。也有很多人認為,自己需要很多時間來看透過去,以便從中汲取教訓。在某種程度上,你甚至會覺得自己可以改變過去,這是既瘋狂又痴心妄想的。問題的關鍵在於,無論你如何沉湎於過去,你的過去永遠都會保持原樣,所以不要再試圖改變它了!唯一能夠讓你解脫的方法就是忘掉過去。只有從過去中解脫,你才能擺脫痛苦的糾纏。

當然,這並不是完全否定過去的痛苦,過去的痛苦也並非是毫無價值的。我們可以好好反思過去犯下的錯誤,汲取其中的教訓,確保現在乃至未來會有所改變,然後將之拋諸腦後。

承受痛苦的能力最能展現一個人的人格,可以說苦難是人格的試金石。譬如失戀,只要失戀者真心愛那個棄他而去的人,他就不可能不感到極大的痛苦。但是,同為失戀,有的人因此自暴自棄,萎靡不振;有的人為之反目為仇,甚至

行凶報復；還有的人懷著自尊和對他人感情的尊重，默默地忍受痛苦。這其中就有人格上的巨大差異。

當然，每個人的人格並不是一成不變的，他對痛苦的態度本身就在鑄造著他的人格。無論遭受怎樣的苦難，只要他始終能夠意識到他擁有採取何種態度的自由，並勉勵自己以堅忍高貴的態度承受苦難，他就會比任何時候都更有效地提高自己的人格。

因此，我們在精神上，要學會明智地放下一切，既不執著往事，也不妄想未來，只是珍惜當下，全身心融入當下的生活，就在當下過好每一分鐘、每一秒鐘。永遠要牢記：沒有將來，只有現在。現在，你在做什麼，你做得如何，也就已經決定了未來你的狀況會是如何。我們做到了在每一個當下都活得夠好，無執著地灑脫愉悅，那麼，分分秒秒的總和，就構成了一條永恆延伸、幸福快樂的人生長河。每一個當下的腳步都走得好，走得正確堅實，不就累積出一個遠大的前程嗎？

人生中不可挽回的事情太多。既然活著，還得往前走，把痛苦當作愛的結果來承受，把它化為生命的財富。經歷過巨大痛苦的人都能證明，創造幸福和承受苦難的是同一種能力。

不可承受之重

清掃心靈，簡約生活

　　許多人常常會問：「我得到了什麼？」、「我擁有什麼？」然而，你有沒有想過，自己擁有「什麼」的同時，已經被「什麼」所擁有。正如一個人「有」的越多，就越不「是」他自己。因為他擁有的越多，需要擔心和關注的外部事物就越多，他就越沒有時間去做他自己。

　　存在主義有一句名言叫做「擁有就是被擁有」。比如，我擁有一輛汽車，也就等於我同時被這輛車所擁有，因為我必須時常擔心：「我的車會不會被偷走？保險費是不是又該繳納了？」諸如此類的問題伴隨著擁有這輛車同時到來。

　　由此可知，擁有的東西太多並不是什麼好事，人的生命內涵和注意力被分散了，最後反而使自己成了擁有物的奴隸，從而喪失了人生的意義。

　　當然，我們不可能什麼都不擁有，而是不要擁有一些不需要的東西，也就是要簡化我們的生活。

　　許多西方人倡導這種「簡單的生活」。他們試著離開汽車、電子產品、時尚圈，試圖活得更快樂，此舉被稱為「極簡生活」。

　　他們強調簡化自己的生活，並非完全拋棄物欲，而是

要把人分散在身外浮華之物上的注意力移出一些，放在人身上、精神上、心靈情感上，過一種平衡、和諧、從容的生活。

野獸只要吃得飽，不生病，便覺得快樂了。人也該如此，但大多數人並不是這樣。很多人忙碌於追逐事業的成功，從而無暇顧及自己的生活。他們在永不停息的奔忙中忘記了生活的真正目的，忘記了什麼是自己真正想要的。這樣的人只會看到生活的煩瑣與牽絆，看不到生活的簡單和快樂。

簡單的生活是快樂的源頭，為我們省去了許多煩惱，也為身心的解放開拓了更大的空間。簡單生活並不是要你放棄追求，放棄工作，而是說要抓住生活、工作中的本質及重心，以四兩撥千斤的方式，去掉世俗浮華的瑣事。當然，簡單生活不是自甘貧賤。你可以開一部昂貴的車子，但仍然可以使生活簡化。關鍵是誠實地面對自己，思考生命中對自己真正重要的是什麼。

其實，簡單是一種生活的藝術與哲學。簡單生活是極簡主義者的生活選擇，無論是田園隱居，還是返璞歸真，抑或是自願選擇一貧如洗。需要注意的是：「自願」簡單只是途徑而不是目的。首先是外部生活環境的簡單化，當你不需要為外在的生活花費更多的時間和精力時，也就為內在的生活提供了更大的空間與平靜。之後是內在生活的調整和簡單化，

不可承受之重

這時的你可以更加深層地認識自我的本質。現代醫學已經證明，人的身體和精神是緊密相關的，當身體被調整到最佳狀態時，精神才有可能進入輕鬆狀態；而當人的身體和精神進入佳境時，人的靈魂，也就是人的生命力便能更加旺盛。

每個人都有清理打掃房間的機會，每當整理好自己最愛的書籍、資料、照片、唱片、影碟、衣物，把不需要的東西扔掉之後就會發現：房間原來這麼大，這麼清亮明朗！

其實，我們的心靈也是一個房間，也需要經常清理。心裡堆積的東西太多了，人就會變成它們的「奴隸」，無法放鬆。

一個人在塵世間走得久了，心靈不可避免地會沾染塵埃，使原本潔淨的心靈受到汙染和朦蔽。人是最會製造垃圾汙染自己的動物之一。清潔工每天早上都要清理人們製造的成堆垃圾，這些有形的垃圾容易清理，但人們內心諸如煩惱、欲望、憂愁、痛苦等無形的垃圾卻不是那麼容易清理的。因此，這些真正的垃圾常被人們忽視，或者出於種種的擔心與阻礙而不願去清掃。譬如，太忙、太累，或者擔心清掃完之後，又得面對一個未知的開始，而又不確定哪些是自己想要的，哪些是自己不需要的。

的確，清掃心靈不像日常生活中的打掃那樣簡單，它充滿著心靈的掙扎與痛苦。不過，你可以每天掃一點，每一次

清掃，並不表示這就是最後一次，而且沒有人規定必須一次掃完。不過，至少要經常清掃，即時丟棄或掃掉汙染心靈的東西。

　　簡單是快樂，放棄是擁有。不為太多的外物所累，人才能感受到輕鬆，靈魂才有空閒去感受生活中美好的東西。試著為自己的生活進行一次大「清理」，看看哪些東西是必不可少的，哪些東西只會增加我們心靈的負擔；哪些想法是推動生活走向更美好的方向，哪些想法只會讓生命變得更累。留下真正需要的，摒棄那些沒有必要存在的，簡約生活，你會發現，生活原來可以更美好！

不可承受之重

學會放下,不要太執著

讓我們做個實驗:拿起一枚硬幣,想像它代表你正在執著的東西。握緊拳頭抓住它,伸出手臂,掌心向下。這時,如果你打開或放鬆手掌,你將失去你正在執著的東西,這就是為什麼你要握住它。

執著是一切問題的根源。世間沒有恆久不變的人和事,可是我們還是拚命地執著。我們害怕放下,事實上是害怕生活,因為學習生活就是學習放下。這就是我們拚命去執著的悲劇和嘲諷之所在:執著不僅是做不到,反而會帶給我們最想要避免的痛苦。

執著背後的動機也許並不壞,但我們所執著的東西,本質上是執著不了的。就像人們在突然失去伴侶的時候,才了解自己是愛他們的。然後,人們就更執著了,當一方越執著,另一方就越逃避,彼此之間的關係也就變得越脆弱。

人們總是把執著誤以為是愛。即使擁有良好的關係,由於不安全感、占有欲等因素,愛也被執著所破壞了。一旦失去了愛,你所面對的就只剩下愛的「紀念品」和執著的「疤痕」。

一味執著和一味悲觀一樣,與智慧相距甚遠。悲觀的危

險是對人生持厭棄的態度,執著的危險則是對人生持占有的態度。

所謂對人生持占有的態度,並不是專指那種唯利是圖、貪得無厭的行徑。占有的人生態度展現在學習、工作、交際、回憶、信仰、愛情等一切日常生活中。凡是過於看重人生的成敗、榮辱、福禍、得失,視成功和幸福為人生第一要義和至高目標者,皆可歸入此列。因為這樣做實質上就是把人生看成了一種占有物,誤以為達到了這些目標就會享受到世間至高無上的快樂與幸福。

但人生是無法占有的。人生只不過是僥倖落到我們手上的一件暫時性的禮物,到了一定期限便必須歸還。與其讓過分急切的追求和得失迷惑了我們,不如懷著從容閒適的心情去品味它。人生中還有比成功和幸福更重要的東西,那就是凌駕於一切成敗福禍之上的豁達胸懷。從終極的意義上來看,人世間的成功和失敗,幸福和災難,都只是過眼煙雲,短暫易逝。如果能夠理解這一點,那麼,我們就會和身外遭遇保持一定的距離,這樣反而和我們的真實人生貼得更緊了,而真實人生就是一種既包容又超越身外遭遇的豐富人生閱歷和人生體驗。

人生有兩大悲劇,一是沒有得到你所執著的東西,二是得到了你所執著的東西。一個人的占有欲未得到滿足的痛苦

和已得到滿足的無聊是同樣的悲劇。對於一個占有欲極強的人來說，得不到自己想要的東西必然會受到痛苦的折磨；而一旦得到了自己想要的東西之後，又會覺得無聊，於是又會有新的欲求，進而產生新的痛苦。

有的人因為喜愛花的美麗，就把它摘下來，放在手心。我們常常和這個人一樣傻，喜愛一個人或是一件東西時就會想方設法地占為己有，以為這樣就可以占有它的美。人們誤以為把事物據為己有，就可以占有它的意義。可是，意義是不可占有的，一旦你試圖占有，它就不在了。

無論我們和所鍾情的人或物多麼親近，美始終在我們之外，不是在我們的占有之中，這種美始終存在於人們的欣賞和傾倒之中。正如海因里希・海涅（Heinrich Heine），他終生沒有娶一個女人，但他把許多女人的美變成了他的詩，也變成了他和人類的財富。

既然如此，我們怎麼做才能克服執著呢？

唯一的途徑是了解人生的變化性。只有切身地體會變化，才能逐漸擺脫執著的觀念，以及錯誤的永恆觀和盲目的追逐。慢慢地，我們將恍然大悟，我們因為執著不可能執著的東西，而去體驗一切痛苦，這是沒有必要的。也許在開始體會變化時，會是一件痛苦的事，因為這種經驗是如此生疏。但只要我們不斷覺察自己，我們的心就會逐漸有所改

變。「放下」會變得越來越自然，越來越容易。也許要花上一段時間才能夠讓我們的愚痴沉沒，但我們反省得越多，就越能夠深刻體會放下的必要性。那時候，我們看待一切事物的方式就會有所改變。

我們可以眷戀生命，執著人生。但一定不要忘記收拾好行李，隨時準備和人生告別，這樣的執著有悲觀墊底，就不會走向貪婪。有悲觀墊底的執著，實際上是一種超脫。

不可承受之重

命運
由自己掌控

命運由自己掌控

生活公平嗎？

生活並不公平，而且向來如此。我們一旦想通了這一點，就能超越人生。只要我們知道生活是艱難的，只要我們真正理解並接受這一點，我們就再也不會對生活的不公平耿耿於懷了。然而，大部分人卻不願意正視它。在他們看來，似乎人生就應該既舒適又順利。他們不是怨天尤人，就是抱怨自己生而不幸，總是哀嘆無數麻煩、壓力、困難與自己相伴，並認為自己是世界上最不幸的人，而命運偏偏讓他們自己、他們的家人、他們的部落、他們的社會階級、他們的國家和民族，乃至他們的人種吃苦受罪，其他人卻安然無恙，活得自由且又幸福。

有一天，佛陀坐在金剛座上，對弟子們說：「世間有四種馬。第一種良馬，主人為牠配上馬鞍，套上轡頭，牠能夠日行千里，快速如流星。尤其可貴的是，當主人一抬起手中的鞭子，牠一見到鞭影，便能夠知道主人的心意，快慢緩急，前進後退，都能夠揣度得恰到好處，不差毫釐，這是能夠明察秋毫、洞察先機的第一等良駒。」

「第二種好馬，當主人的鞭子打下來的時候，牠看到鞭影不能馬上警覺，但是等鞭子打到了馬尾的毛端，牠便能領會到主人的意思，奔躍飛騰，這是反應靈敏、矯健善走的好馬。」

生活公平嗎？

「第三種庸馬，不管主人幾度揚起皮鞭，見到鞭影，牠不但遲鈍毫無反應，甚至皮鞭如雨點般揮打在皮毛上，牠都無動於衷。等到主人動了怒氣，鞭棍交加打在結實的身上，牠才有所察覺，按照主人的命令奔跑，這是後知後覺的庸馬。」

「第四種駑馬，主人揚起了鞭子，牠視若無睹；鞭棍抽打在皮肉上，牠也毫無知覺。等到主人盛怒了，雙腿夾緊馬鞍兩側的鐵錐，霎時痛刺骨髓，皮肉潰爛，牠才如夢初醒，放足狂奔，這是頑劣無知、冥頑不化的駑馬。」

庸馬和駑馬是生活中許多平庸者的生存寫照。他們總是抱怨老天對他們太苛刻，太不公平，抱怨社會沒有為他們提供更好的舞臺，給他們施展才華的機會。這些人只是發現了問題，並沒有付諸行動去解決問題。

其實，人生就是一個面對問題並解決問題的過程。問題能啟發我們的智慧，激發我們的勇氣；問題是成功與失敗的分水嶺。為解決問題而付出努力，能使思想和心智不斷成熟。學校為孩子們設計各種問題，促使他們動腦筋、想辦法，大概也是基於這樣的考慮。我們的心靈渴望成長，渴望迎接成功而不是遭受失敗，所以它會釋放出最大的潛力，盡可能解決所有問題。面對問題和解決問題的痛苦，是最好的學習，痛苦才會帶來收穫。面對問題，聰明者不是害怕痛苦選擇逃避，而是迎難而上，直至將其戰勝為止。

遺憾的是，大多數人似乎並不是聰明者。在某種程度上，人人都害怕承受痛苦，遇到問題就慌不擇路，望風而逃。有的人不斷拖延時間，等待問題自行消失；有的人對問題視而不見，或盡量忘記它們的存在；有的人與麻醉藥和毒品為伴，想把問題排除在意識之外，換得片刻解脫。我們總是規避問題，而不是與問題正面搏擊；我們只想遠離問題，卻不想經受解決問題帶來的痛苦。人生就是一連串的難題，你是哭哭啼啼地面對它，還是勇敢奮起？你是束手無策地哀嘆，還是積極地想方設法解決問題呢？人生的痛苦具有非凡的價值。勇於承擔責任，勇於面對困難，才能使心靈變得健康。對於一個視人生感受為最寶貴財富的人來說，歡樂和痛苦都是收入，他的帳本上是沒有支出的。這種人通常具有很強的生命力，因為在他眼裡，現實生活中的禍福得失已經降為次要的東西，命運的打擊因心靈的收穫而得到補償。

我命由我不由天

希臘有一首很悲觀的民歌：太陽神阿波羅（Apollo）是個勇士，他能夠一拳打倒凶猛的敵人，但他無法扭轉自己的命運。普羅米修斯（Prometheus）是個智慧的神，他能夠瞞著宙斯（Zeus）把火種偷出來，讓那些可憐的人們看到光亮，而他自己卻被鷲鷹不斷地啄著心肝——這是命運跟他開的玩笑！

從古希臘文明到基督教文明，西方的天空一直瀰漫著「悲劇」的色彩，古希臘人認為人類真正的命運是悲劇，與命運抗爭到最後也只是徒勞，人之所以明知道自己的宿命還繼續抗爭，也是因為人的宿命。到基督教誕生之後，宗教的慰藉很地快融入歐洲人的精神生活，但作為宗教的基督信仰，也是將個體的真正幸福放置到「彼岸世界」。

是否真的在冥冥之中有個主宰呢？塞內卡（Seneca）說：「願意的人，命運領著走；不願意的人，命運拖著走。」狂妄的人自稱是命運的主人，謙卑的人甘為命運的奴隸。除此之外還有一種人，他觀看命運，但不強求；接受命運，但不卑怯。走運時，他會揶揄自己的好運；不幸時，他又會調侃自己的厄運。他不低估命運的力量，也不高估命運的價值，他只是做命運的朋友罷了。這就是被塞內卡忽略的第三種情況：和命運結伴而行。

命運由自己掌控

　　1994年的美國電影《刺激1995》(The Shawshank Redemption)以監獄為背景，突破了以往壓抑、罪惡、黑暗的色彩，向人們展示了充滿情感、希望的生活態度。

　　安迪・杜佛倫（Andy Dufresne）被冤枉入獄，他看似平靜的表面下藏著一顆從不屈從的心。當別人都在抱怨自己冤枉時，安迪從來都默不作聲，悠閒地散步，但他從來都沒有放棄過獲得自由的希望。

　　即使身處監獄，他也在竭力按照自己的想法做事。為了擴大鯊堡監獄的圖書館，他堅持向州議員寫信，不間斷地寫，一直到州議員終於撥給他一些微薄的東西來應付他。安迪仍然不滿足，為了能夠獲得更大的幫助，他堅持繼續寫信，直到他的要求被滿足，他成功地擴建了鯊堡監獄的圖書館。安迪還輔導監獄裡的獄友學習，幫助他們獲得大學的學位。

　　典獄長曾經告訴安迪「把你的信念交給《聖經》，把你的賤命交給我」，這並沒有讓安迪放棄對自由的追求，安迪用小小的鐵錘鑿出一條逃離的通道，用幾十年的時間完成了要六百年才能完成的任務，成功地為自己鋪好了一條希望之路。

　　最後，他終於越獄成功，並且讓典獄長受到應有的懲罰。

　　安迪始終沒有放棄對自由的嚮往和追求，無論身處的環境多麼惡劣、前途多麼渺茫，他都不願意屈從命運的安

排，更不願意在被冤枉的罪名下浪費自己的生命。只有依靠自己的努力才能為自己在黑夜裡點燃一盞明燈，照亮前行的道路。

人生的路可分為兩條，走上其中一條，把另一條留給下一次，可是再也沒有下一次了。因為走上的這一條路又會分叉，如此以至於無窮，不可能再有機會回頭來走那條未定的路了。

這就是人生的真實寫照。每個人的一生都包含著許多不同的可能性，而最終得到實現的僅是其中極小的一部分，絕大多數可能性都被捨棄、被浪費掉了。這不能不使我們感到遺憾。

但是，真的被浪費掉了嗎？如果人生沒有眾多的可能性，人生之路沿著唯一命定的軌跡伸展，我們就不會遺憾了嗎？不，那樣我們會更難以接受。正因為人生的種種可能性始終處於敞開的狀態，我們才會感覺到自己是命運的主人，從而躊躇滿志地走自己正在走的人生之路。

儘管絕大多數可能性未被實現，但它們卻成了現實人生中不可缺少的組成部分，為那極少數實現了的可能性罩上一層自由選擇的光彩。這就好像儘管我們未能走遍樹林裡縱橫交錯的無數條小路，但由於它們的存在，我們即使走在其中一條路上，仍然能夠感受到曲徑通幽的微妙境界。

命運由自己掌控

對於每個人來說，無論遭遇到什麼樣的情況，真正的自由都是由自己的內心掌握的，而不是命運的安排。只要你心懷希望，相信自己，靠著自己的頑強奮鬥，就能夠到達成功的彼岸。

每個人都有自己的價值

有一天晚上,在普魯士的王宮裡,大哲學家哥特弗利德・萊布尼茲(Gottfried Leibniz)向王室成員和眾多貴族宣傳他的宇宙觀:「天地間沒有兩個彼此完全相同的東西。」聽者譁然,不少人搖頭不信。於是,好事者請宮女到王宮花園中去找兩片完全相同的葉子,想以此推翻萊布尼茲的論斷。結果令他們大失所望,宮女沒有找到兩片完全相同的葉子。

世界上沒有完全相同的兩片葉子,當然也不會有完全相同的兩個人。這種不同,從外在來說,是容顏的絕不相同;從內在來說,是觀念、意識、思想、品德、修養等本質上的差異。正因為種種差異的存在,使得每個人的人生與他人的絕不雷同。

每個人都具有某種潛能,不要浪費時間去擔憂自己的與眾不同。你在這世界上完全是獨一無二的,前無古人,也將後無來者。

我們如果沒有了自己的生活方式、思想方式,就無法定位自我,別人一提意見,便無所適從,驚慌失措。如果決定了自己的生活方式,就不用在意別人的目光。不同的人有不同的生活方式,你沒有必要努力達到別人的標準。

命運由自己掌控

別人的人生與自己的人生，當然是不同的。自己的人生，掌握在自己的手中，會是「成功傳奇」還是「人生悲劇」，完全是自己的問題。真理唯有實踐能證明，若能專心致力於自己的生活，一定會有所收穫。

世間的生命也是多種多樣的，有天上飛的，有水中游的，有陸上爬的，有山中走的，所有生命都在時間與空間之中兜兜轉轉。生命，總以其多彩多姿的形態展現著各自的意義和價值。生命在閃光中現出燦爛，在平凡中現出真實，所有的生命都應該得到祝福。

芸芸眾生中很少有翻江倒海的蛟龍，也很少有稱霸林中的雄獅，我們在苦海裡顛簸，在叢林中避險，平凡得像是海中的一滴水、林中的一片葉子。海灘上，這一粒沙與那一粒沙的區別，你能否看出？曠野裡，這一抔黃土和那一抔黃土的差異，你是否能道明？

每一個生命都很平凡，但每一個生命都不卑微，所以真正的智者不會讓自己的生命隕落在無休無止的自怨自艾中，也不會甘於身心的平庸。

你見過在懸崖峭壁上卓然屹立的松樹嗎？這些松樹深深地扎根於岩縫之中，努力舒展著自己的軀幹，任憑陽光曝晒、風吹雨打，在殘酷的環境中始終保持著昂揚的鬥志和積極的姿態。也許它很平凡，只是一棵樹而已，但它並不平庸，它努力地保持著生命的傲然姿態。

每個人都有自己的價值

下面這則寓言，讓我們了解每一個生命都不卑微，都是大千世界中不可或缺的一部分，都在自己的位置上發揮著各自的作用。

一隻老鼠掉進了一個桶子裡，怎麼也爬出不來。可憐的老鼠心想，這個桶子大概就是自己的墳墓了。正在這時，一隻大象經過桶邊，用鼻子把老鼠救了出來。

「謝謝你，大象。你救了我的命，我希望能報答你。」

大象笑著說：「你準備怎麼報答我呢？你不過是一隻小小的老鼠。」

過了一些日子，大象不幸被獵人捉住了。獵人用繩子把大象捆了起來，準備等天亮後運走。大象傷心地躺在地上，無論怎麼掙扎，都無法把繩子扯斷。

突然，小老鼠出現了。牠開始啃咬捆著大象的繩子，終於在天亮前咬斷了繩子，救了大象一命。

大象感激地說：「謝謝你救了我的性命！你真的很強大！」

「不，其實我只是一隻小小的老鼠。」小老鼠平靜地回答。

每個生命都有自己綻放光彩的剎那，即使一隻小小的老鼠，也能夠拯救比自己體型大得多的大象，更何況是人呢？

一個真正有智慧的人，即使別人看不起他，把他看成是卑賤的人，他也不會受到影響，因為他知道自己的人格、道德，不一定要求別人的了解、重視。他依然會在自我的生命之旅中，將智慧的種子撒播到世間各處。

命運由自己掌控

　　也許，你只是時間長河中一個匆匆而逝的過客，不會引起人們的絲毫重視，但只要你擁有自己的信仰，並將自己的長處發揮到極致，就會成為駕馭生活的勇士。

尊嚴是無價之寶

有一隻骨瘦如柴的狼,因為狗總是找牠麻煩,好久沒有找到一口吃的了。

這一天狼遇到了一隻高大威猛但迷路的狗,狼恨不得撲上去把牠撕成碎片,但又想到自己不是對手,於是改變了策略。狼滿臉堆笑,向狗討教生活之道,話語中充滿了恭維。

狗神氣地說:「師父領進門,修行靠個人。你想要過我這樣的生活,就必須離開森林。你瞧瞧你那些同伴,都像你一樣髒兮兮,生活沒有一點保障,為了一口吃的都要與別人拚命,值得嗎?學我吧,包你不愁吃喝。」

「那我可以做些什麼呢?」狼疑惑地問道。

「你什麼都不用做,只要搖尾乞憐,討好主人,把討要東西的人追得遠遠的,你就可以享用殘羹剩飯,還能夠得到主人的許多額外獎賞。」

狼沉浸在這種幸福的體會中,不由得眼圈都有些溼潤了。於是,牠跟著狗興沖沖地上路。在路上,牠發現狗脖子上有一圈沒有毛,就納悶地問:「這是怎麼弄的?」

狗滿不在乎地說:「沒什麼,小事一樁。」

狼停下腳步,繼續追問:「到底是怎麼回事?你快告訴我。」

「很可能是拴我的皮圈把脖子上的毛磨掉了。」狗回答說。

「什麼？難道你是被主人拴著生活的，沒有一點自由嗎？」狼驚訝地問。

「只要生活好，拴著又有什麼關係呢？」狗不解地問。

「怎麼沒有關係？不自由，不如死。吃你這種飯，給我一座金礦我也不幹。」說完，餓狼毫不猶豫地跑走了。

魯迅先生揭示出中國人的劣根性之中，有一種就是奴性，見了主人就哈腰，當了主人就猖狂的人，充其量只是像故事中的那隻狗一樣沒有尊嚴的動物罷了。

自尊自愛是一個獨立自主的人所必須具備的品格。無論什麼時候，尊嚴是人類靈魂中最不可踐踏的東西。雅典人在祈雨時，禱告的語言也不忘保持著自己的高貴：「親愛的宙斯，降雨吧，降雨吧！讓雨降落到雅典人耕過的土地上，降落到平原上。」

作為宇宙中有尊嚴的個體，我們確實不應該祈禱，即使不得已而為之，也應以這種簡單、高貴的方式祈禱，而並非自輕自賤地如一個乞丐般出現在祈禱的聖壇上。

保持著尊嚴的人，即使在祈禱時也能呈現出高貴的氣質。歸根究柢，祈禱其實是一種乞求，即便是在「乞求」神靈或者他人的幫助時，自尊自重的人也能夠贏得他人的尊重。

做事和做人是否順利，不僅包括地位、財產、名聲方面

的際遇，還包括愛情、婚姻、家庭方面的經歷，但往往受到外在因素的制約，非自己所能支配，所以不應該成為人生的主要目標。

人當然不應該把非自己所能支配的東西作為人生的主要目標。人真正能支配的唯有對這一切外在遭遇的態度，簡而言之就是如何做人。人生在世，最重要的事情不是幸福或不幸，而是無論幸福還是不幸都能保持做人的正直和尊嚴，因為做人比事業和愛情更重要。

無論你在商場或者情場上多麼春風得意，如果你做人失敗了，你的人生就在整體上失敗了。最重要的不是在世人心目中占據什麼位置、和誰一起過日子，而是你自己究竟是一個什麼樣的人。

在人類的基本價值中，有一項早已被遺忘，它就是高貴。人生意義取決於靈魂生活的狀況。其中，世俗意義即幸福取決於靈魂的豐富，神聖意義即德行取決於靈魂的高貴。

高貴，應該被看成是最重要的價值，甚至比生命還要重要。高貴者的特點是極其尊重他人，他的自尊也因此得到了最充分的展現。然而，現在似乎很少有人提起了。

人要活得有尊嚴，要有自己的基本原則，這是在任何情況下都不可違背的，如果違背就意味著不把自己當作人對待。然而，現在一些人就是這樣，不知尊嚴為何物，不把別

人當人，任意欺凌和侮辱，根源正在於他沒有把自己當人。事實上，你在他身上也已經看不出絲毫人的品性。人的靈魂應該是高貴的，人應該做精神貴族，而不是去做有錢有勢的精神貧民。

尊嚴無價。人若失去了尊嚴，做人的價值和樂趣就無從談起。尊嚴是一個人做人的根本，無論在什麼時候，我們都應該挺直做人的脊梁，用行動捍衛自己的尊嚴。自尊是人的一種美德，是無價的，是人最珍貴、最高尚的東西。

即使在誘惑面前也要歸然不動，絕不能出賣靈魂。無論你今後的日子是富貴還是貧窮，都要保持做人的尊嚴，唯有自尊自重，才能贏得他人的尊重。

走自己的路,做生活的主角

有這樣一則笑話。

祖孫兩人去市集上買了一頭驢,牽著回家。路上的行人看見了,笑道:「有驢不騎偏要走路,真是笨到家了。」祖孫兩人覺得路人說得有道理,於是爺爺騎上驢,孫子走路。

這時,又有人說話了:「這當爺爺的也太狠心了,竟然讓一個小孩走路,自己卻坐得舒舒服服的。」爺爺聽了趕忙下來,讓孫子騎驢,自己走路。

走了一陣子,又聽見有人議論:「哪有這樣不孝順的孩子,怎麼忍心讓爺爺受累,真是不像話!」爺爺聽了又覺得這樣很不應該,但又怕人說閒話,於是兩個人都騎在驢上。

一頭驢馱著兩個人,驢累呼呼地直喘粗氣。有人看見了,說:「你們也太殘忍了,再這樣下去要把驢累死啊!」兩人又下來,這下可為難了。騎也不是,不騎也不是;一個人騎也不是,兩個人騎也不是。

爺孫兩人乾脆把驢的腿用繩子捆起來,找了一根扁擔,兩人一前一後,把驢抬走了。路上的人看了,都笑得前俯後仰。

這樣一來,驢被捆著受罪,人抬著也受累。爺孫兩人臉紅心跳,實在不知道怎麼辦才好,乾脆就這樣抬下去吧!當走到一座獨木橋上時,驢被捆得四蹄痠痛,努力掙扎起來。「撲通」一聲,連人帶驢一起掉到了河裡⋯⋯

在這個世界上，不管你做任何一件事情，只要為人所知，都難免有人議論。你做得好，可能就會有人嫉妒、刁難；你做得不好，可能又會有人譏笑、諷刺。

人言可畏，「好人」難做。負面的非議、責難、譏評，形成強大的壓力，可能使人受不了，從而改變自己的主意，成為輿論的犧牲品，如同最後掉到河裡的祖孫兩人。能夠承受的人，可能因此孤立無助，無論他能否成功，但其人格精神之堅強，卻足以令人敬佩。

如果天才按照別人為他們設計的道路走，一輩子也不可能成才。只有走專屬於自己的道路，不被他人的議論所左右，才能創造出自己輝煌的人生。「在我的生活中，我就是主角。」這是作家三毛的自信之言。

你是你命運的主人，你是你靈魂的舵手。生命當自主，把自己活成造物主，不要總是羨慕別人的好，而忽視了自己的優點。

我們最大的局限在於短視，而我們的短視在於無法發現自己的優點。美國心理學家、哲學家威廉・詹姆斯（William James）認為：「跟我們應該做到的相比較，我們可能只做了一半。」

一般人習慣用與別人的對比來發現自己的優缺點，這固然是一種好方法，但往往受主觀意識影響太大。你會發現自

己在某方面與別人差距甚大，因此非常羨慕那個人。羨慕導致無知的模仿，導致無謂的妒忌，或者受到激勵般地追求更高境界，但最後一種情況所占的比例甚小，而前面兩種情況都容易導致自信心的喪失，以及由此引發憂鬱。

因此，無論是在工作中還是在生活中，不要總是把目光投向外界，外界的風光雖好，也只能使你徒生羨慕而已。不斷覺察自己的心靈，你就能發掘具有自我特色的潛能。

人的發現和創造，需要一種坦然的、平靜的、自由自在的心理狀態。自主是創新的激素、催化劑。人生的悲哀，莫過於別人替自己選擇，這樣便成了別人操縱的機器，失去了自我。我們要做生活的主角，不要將自己看成生活的配角。走自己的路或許會面臨一些孤獨，但在孤獨中享受自己的作為，也不失為人生中的一件美事。

人只要問心無愧，就儘管放心大膽地去走自己的路。畢竟，我們的生命，不因別人的喜歡而存在。我們是自己人生的設計師，我們的生活不需要被別人設計，做自己生命的主宰才能活出人的絢麗多彩。

命運由自己掌控

尋找希望

尋找希望

人為什麼活著？

芥川龍之介有一部著名的小說《河童》，講述河童這個種族的嬰兒將要出生時，他的父母會詢問他是否願意降生到人間。如果回答不願意，他的生命將會自動消失。

河童族的人是幸運的，可惜的是，人類並無此幸運，沒有人會徵求你的意見，問你願不願意出生，你就已經降臨人世，有了生命，在呱呱聲中，來不及問一聲為什麼，命運的鞭子就已經催你上路了。

面對洶湧而來的無限時空，人類究竟扮演著怎樣的角色呢？在把目光轉向那玄妙不可知而又必然不可免的命運時，人類面對物質世界時的雄心勃勃和不可一世，還能剩下什麼呢？人活著又究竟是為了什麼呢？

「我為何而生？」古往今來，人類何止千萬次地追問過自己。我們究竟為什麼而活著，這個問題太簡單又太複雜。有人碌碌一生，尚未思考就已經成為人間的匆匆過客；有人皓首窮經，苦思冥想，終其一生也未能參透其中的玄機。

在茫茫的宇宙中，人類是唯一能夠追問自身意義的生物，這是人類的偉大，也是人類的悲壯。

人生的意義之所以成為一個問題，前提是生命的一次性和

短暫性。在具體的人生中，每一個人關於人生意義這個問題的答案都不是來自於理論思考，而是來自於自身的生活實踐。

人生的意義永遠是不確定的。用沙特式存在主義的觀點看，活著本身是荒謬的，沒有人跟我們商量過就胡亂將我們拋擲在這個世界上。

人的一生，實質上就是上演一場悲劇。人，在自己的哭聲中、在親人的笑聲中踏入這個世界，又在自己的無言中、在親人的哭聲中離去。那最初的一哭，就是人生悲劇的開幕；那最後的一哭，就是人生悲劇的謝幕。也許，人生的意義就蘊藏在那最後的哭聲的高低之中吧！

有些人正是因為看到了人生終極意義的虛無，在經歷了人世冷暖、艱難苦恨、富貴榮華、聲譽名望之後，卻選擇了放蕩不羈、遁入空門，告別這個喧囂的世界。莊子為妻子的死鼓盆而歌；音樂家李叔同放下音樂、念起經來；陶朱公范蠡散盡鉅額財富、隱逸而終；國學大師王國維留下一句「五十之年，只欠一死」跳湖自殺；歐洲中世紀哲學家希波的奧古斯丁（Augustine of Hippo）拋棄情人和未婚妻，成為修道士……

我們是否也該仿效前人的「英雄壯舉」？不，你我都沒有資格。只有最聰明、最勇敢或者最愚蠢、最怯弱的人才夠格！正是他們使我們一眼看到了人生的盡頭，讓我們頓時清醒，使得我們能夠樂觀地對待身邊的人和事。

尋找希望

人生意義的珍貴之處不在於意義本身，而是蘊含在對人生意義的尋求過程之中。英雄尋寶的故事之所以吸引人，並不是因為最後能夠找到寶物，而是尋寶途中驚心動魄的探險經歷。尋求人生意義的過程就是一次精神領域的尋寶過程，尋求的過程中使我們感到生存是有意義、有價值的，從而能夠充滿信心地活下去。很多藝術家視創作為生命，不創作就活不下去。如果除去這一點，去問貝多芬為何熱愛音樂，梵谷為何要畫畫，他們肯定說不出個所以然來。人類迄今所創造的燦爛文化如同美麗的風景，把人類生存的天空烘托得極其壯觀。然而，若要追究風景背後有什麼，那就只能墮入無底的虛無中了。

因此，生命的終極意義這個問題是沒有答案的。無論我們怎樣的殫精竭慮、執著求索，只要我們不是自欺欺人，在這方面就絕不可能有新的收穫。

人來到這個世上，無非就是為了活一場罷了，生命本身並沒有什麼目的可言。如此一來，「為什麼活著？」這個問題就悄悄轉化為另一個問題「怎樣活著？」。於是，我們為生命設定了目標：信仰、事業、愛情、幸福等，實際上都只是我們用以度過漫無目的的生命的手段而已，而生命本身則成了目的。

人生中的很多問題都是沒有答案的，但是，人類唯有透過思考這些問題才能真正擁有自己的生活信念和準則。

活著就要快樂

　　莊子在〈逍遙遊〉中說道:「朝菌不知晦朔,蟪蛄不知春秋,此小年也。」意思是說,樹根上的小蘑菇壽命不到一個月,因此它不理解一個月的時間是多長;蟬的壽命很短,生於夏天,死於秋末,它們自然不知道一年當中有春天和冬天。它們的生命都是短暫的,或許一般人覺得它們可憐。然而,有些生命即使活了幾秒鐘,也覺得自己活了一輩子,因為它們有它們的快樂。有些生物活了很長時間,卻感覺恍如昨日夢。人生也是如此,每個人都有每個人的活法,感受的境界也各自不同,最重要的是能夠感受到生命中的快樂就已足夠。

　　沒有人願意在沒唱完想唱的歌之前就離開這個世界,但很多人在死的時候才突然意識到自己有些事還沒做。在此之前,這些人也一直在匆匆地忙碌著。

　　人生中,有些事重要,有些事則不然,你必須知道如何分辨它們。如果你的生活就是一個典型的又忙碌又混亂的案例,那你完全不需要說:「我在這裡過得並不怎麼樣,但我已經在這裡很久了!」即便在這裡待了很久,卻一點也不快樂,那留在這裡又有什麼意義呢?

尋找希望

生活裡有許許多多美好的事物、許許多多的快樂，關鍵在於我們能不能發現。而想要發現它，關鍵在於自己。

托爾斯泰在他的名著《懺悔錄》(*A Confession*)中講了這樣一個故事。

在一個寂寞的秋天黃昏，無盡廣闊的荒野中，有一位旅人在趕路。突然，旅人發現前進的道路上散落著一塊塊白白的東西，仔細一看，原來是人的白骨。旅人正疑惑時，忽然從前方傳來驚人的咆哮聲，緊接著一隻大老虎飛奔而來。看到這隻老虎，旅人顧不上多想便向來時的道路奔跑逃命。

不幸的是，他迷路了，竟然跑到一座斷崖絕壁的山頂上。在這危急時刻，旅人發現斷崖上有一棵松樹，並且從樹枝上垂下一條藤蔓。旅人便毫不猶豫，馬上抓著藤蔓垂下去，可謂九死一生。幸虧有這根藤蔓，終於保住了性命，旅人暫時安心了。但是，當他朝腳下看時，不禁「啊」了一聲，原來腳下竟是波濤洶湧、深不可測的大海，怒浪澎湃著，而且在那波濤間還有三條毒龍，正張開大口等待著他的墜落。旅人不知不覺全身戰慄起來。

更恐怖的是，那條救命的藤蔓上出現了一隻白色和一隻黑色的老鼠，正在啃著藤蔓。旅人拚命搖動藤蔓，想趕走老鼠，但老鼠絲毫沒有要離開的樣子。而且，每次搖動藤蔓，便有水滴從上面落下來，這是樹枝上的蜂巢所滴下的蜂蜜。由於蜂蜜太甜了，旅人竟完全忘記了自己正處於萬分危險的境地，全心全意地享受著蜂蜜的美味。

活著就要快樂

生活中，當痛苦、絕望、不幸、危難向你逼近的時候，你是否還能享受一下蜂蜜的滋味？「塵世永遠是苦海，天堂才有永恆的快樂」是禁欲主義編撰的、用以蠱惑人心的謊言，苦中求樂才是快樂的真諦。我們習慣於在面對失去和損失時抱怨過去，卻不懂得如何利用眼下的擁有讓自己快樂。

快樂就在我們心裡。當你跋山涉水尋找快樂時，為什麼不去自己心裡找一找呢？真正的快樂是發自內心的，你不需要戴著燦爛的笑容面具，就已顯得容光煥發了。

上帝將一把快樂的種子交給幸福之神，要她到人間去撒播。臨行前，上帝仍不放心地問：「你準備把它們撒在什麼地方呢？」

幸福之神胸有成竹地回答說：「我已經想好了，我準備把這些種子放在最深的海底，讓那些尋找快樂的人，經過驚濤駭浪的考驗後，才能找到它。」

上帝聽了，微笑著搖搖頭。

幸福之神思考了一會兒，說道：「那我就把它們藏在高山之上吧，讓尋找快樂的人，透過艱難跋涉才能發現它的存在。」上帝聽了之後，還是搖搖頭。

幸福之神茫然無措了。

上帝意味深長地說：「你選擇的這兩個地方都不難找到，你應該把快樂的種子撒在每個人的心底。因為人類最難到達的地方，就是他們自己的心靈。」

可見，生活得快不快樂，在於自己對生活的態度和理解。

快樂是由血、淚、汗浸泡的人生土壤之中怒放的生命之花。只有受過寒冷的人才能感覺到陽光的溫暖，也只有在人生戰場上受過挫敗、痛苦的人才知道生命的珍貴，才能感受到生活之中的真正快樂。

一棵樹不會太關心它結的果實，因為果實只是在它生命汁液的歡樂流溢中自然生長而成的，只要它的種子是好的，它的根深植於沃土中，它必將結出好的果實。真正的快樂是一個人的內在力量自然而然的展現，本身即是享受。

活出真性情

世界上有兩種花,一種花能結果,一種花不能結果。不能結果的花,如玫瑰、鬱金香等,它們在陽光下綻放,沒有任何目的,純粹只是為了快樂。因此,快樂本身就是它們的成功。

人也像花一樣,有一種人能結果,成就一番事業,而有一種人不能結果,一生沒有什麼建樹,只是一個普通人而已。很多時候,我們對於成功的定義總是太過於狹窄,將名譽、金錢、地位及世俗所認可的一切視為成功。

現代人更是活得越來越複雜,得到許多東西,卻更加覺得空虛;擁有許多方便,卻並不自由。

如果一個人太看重物質享受,就必然要付出精神上的代價。人在肉體上的需求是很有限的,無非就是解決溫飽問題。超出溫飽問題的便是奢侈,而人的奢侈欲望一旦被激發,那是沒有盡頭的。富人總希望自己可以再富裕一些,事實上也必定有人比你更富有,於是你永遠不會滿足,不得不去賺越來越多的錢。如此一來,賺錢便成了你的唯一目的。即使你是藝術家,你哪裡還能兼顧真正的藝術追求;即使你是科學家,你哪裡還會去在乎科學的良心?

尋找希望

在人的生活中,有一些東西是可有可無的,有了也許會增色,沒有也無損本質,而有一些東西則是不可缺少的,缺了就不能生活。什麼東西是不可缺的,生養人類的大自然是唯一的權威。自然規定了生命離不開陽光和土地,規定了人類必須耕耘和繁衍。最基本的生活內容原本是最平凡的,但正是它們構成了人類生活的永恆核心。

蘇格拉底說:「一無所需,最像神。」這位被雅典年輕人崇拜的偶像,傳說長得像個醜陋的腳伕,禿頂,寬臉,扁闊的鼻子,整天光著腳,裹著一條襤褸的長袍,在街頭遊說。走過市場,看著琳瑯滿目的貨物,他吃驚地說:「這裡有多少東西是我用不著的!在這個世界上,除了陽光、空氣、水、笑容,我們還需要什麼呢!」

蘇格拉底是一名完美的奧菲斯教(Orphism)聖者,他完全寡欲清心,在回歸天神的純潔靈魂與墮落於肉體貪欲的對立中,他做到了前者對後者的完全駕馭。他知道,只有離開對世俗所需的欲求,靈魂才能走向完善,達到天神一般的無所需求。

人在衡量任何事物時,不要考慮它們能帶給自己多少利益,應該看重它們在自己生活中的意義,儘量做自己喜歡的、契合自己性格的事情。這樣的生活態度就是真性情。

人活在世上,只有做自己真正喜愛的事情,才會活得有意義。

所謂喜愛,必須完全出於自己的真性情,而不是為了某種外在的利益,如金錢、地位、名聲等。

英國著名學者伯特蘭‧羅素(Bertrand Russell)在他的〈我為什麼而活〉(*What I Have Lived For*)中寫道:對愛情不可遏制的探究,對真理不可遏制的追求,對人類苦難不可遏制的同情,是支配我一生的單純且強烈的三種感情;這些感情如陣陣颶風,吹拂在我動盪不定的生涯中,有時甚至吹過深沉痛苦的海洋,直抵絕望的邊緣。

羅素的一生都在追求真(真理)、善(同情)、美(愛情),他的人生是單純而美好的。人生中一切美好的事情,在於事情本身能給予人陶醉和滿足。愛情的美好在於相愛的陶醉和滿足,而不是有朝一日締結良緣;追求真理的美好在於在探求過程中的陶醉和滿足,而不是有朝一日名揚四海;同情的美好在於為良知辯護的過程中的陶醉和滿足,而不是天長地久的守望。

生活本身就是一種品味。金錢、名聲、地位如同我們身上的衣服,可以供人穿著。可是,對人對己千萬不要以衣帽取人。衣服換來換去,你還是你,我還是我。脫盡衣裳,男人和女人更現本色。

如果想讓自己充實地生活,就要釐清究竟什麼才是自己真正需要的,善用生活的減法,只有這樣才能擁有一個真實的自我,一個飽滿的靈魂。

尋找希望

無聊是生命的負能量

尼采曾經說過：「難道生活不是短暫到沒有時間讓我們覺得無聊嗎？」然而，時至今日，無聊情緒正折磨著很多人，而且日益蔓延。

無聊原本是那些遊手好閒、無所事事者的專利，但是在今天已經影響到我們每一個人。無聊幾乎使人們喪失了對生活的激情，剝奪了人們生活的意義。

許多我們原本為之奮鬥的事情，到頭來卻會以讓我們感到無聊而告終：一份新工作隨著時間的進展會變得乏味；一段曾經轟轟烈烈的戀情會變得索然無味；一些原本被認為十分珍貴的休閒活動，也會變得讓人覺得是在浪費時間。

有些受過良好教育的菁英在工作職位上表現出色，卻在休閒時不知道該做些什麼，這是人類生存方式中令人悲哀的一面。另一方面，又有成千上萬受過良好教育、頭腦睿智、收入豐厚的人，不僅能在工作上做到遊刃有餘，而且在閒暇時光也能合理調適自己，做到勞逸結合，這又是人類在生活上值得讚頌的一面。

為了獲得更大的自由，你必須犧牲掉無聊，必須擁有自發性的熱情。正如稻盛和夫所言，人必須具有「自燃性」。

什麼是「自燃性」的人呢?學過化學的人都知道,物質可以分為三種類型:出於自由意志燃燒起來的,是自燃性物質;火一靠近就燃燒起來的,是可燃性物質;就算接觸到火也不會引燃的,是不可燃性物質。

人類同樣可以分成這三種類型:有些人不需周遭環境影響他,自己就能燃起無比的熱情;有些人只要周遭環境稍微影響他,他就能夠燃燒起無比的熱情;有些人則不知道是空虛,還是冷酷,總之不管周遭環境給他多少能量,他還是一貫冷漠到極點的態度,就連一絲絲的熱情也不曾被激發出來,這種人是所謂不可燃的人。

人若要有所作為,不僅得有自發性的熱情,還得把能量分享給周圍的人。他們絕不是聽命行事,服從一個命令、一個動作的那種人。他們不等別人說什麼,自己就會開始著手去做,堪稱他人的榜樣。他們是富有主動性與積極性的人。

其實,生活提供我們很多有趣的事物可以去追逐探尋,無聊就意味著你已經在人生中落伍。在閒暇時光中,除了不工作與睡覺外,你肯定還希望有更多事情可以做。無論你想避免的是無聊還是寂寞,都是由你自己在空閒時的行為性質所決定的。你絕不能讓沙發和電腦成為你最好的兩位朋友,因為這「兩位朋友」不僅會讓無聊越來越嚴重,還會引發思考倒退、破壞身體健康等問題。不要讓「無聊」這個詞出現在

尋找希望

你的生活中,無聊是對自己的一種侮辱。作為有創造性的個體,你有能力去追求有意義的生活。隨時提醒自己,不要做一個無聊的人,生活中還有很多刺激和精采。

那麼,究竟如何才能消滅無聊呢?

第一,有希望。

亞歷山大大帝有一次送出豐厚的禮物以表示他的慷慨。他給了甲一大筆錢,給了乙一塊土地,給了丙一個官位。他的朋友聽到這件事後,對他說:「你要是一直這樣做下去,你自己會一貧如洗。」亞歷山大回答說:「我哪會一貧如洗,我為我自己留下的是一份最偉大的禮物,我所留下的是我的希望。」

一個人如果失去了希望,只生活在回憶中,這就意味著他的生命已經開始終結。回憶不能鼓舞我們有力地生活下去,回憶只會讓我們逃避,好像囚犯逃出監獄。

第二,有事做。

如果有人在煩你,這個人可能就是你自己。對付無聊實際上很容易,讓自己忙於自己喜歡的事情,或者做你一直都想做的事情。願意為自己的無聊負責的想法,就是驅逐無聊最有效的力量。

第三,能愛人。

生命中有了愛,我們就會變得謙卑、有生氣,新的希望油然而生,彷彿有成百上千件事等著我們去完成。有了愛,生命就有了春天,世界也變得萬紫千紅。

有了希望，人生就有了前進的動力和方向；有事做，人生就避免了空虛與無聊，變得充實起來；能愛人，人生就有了情趣，不枯燥。有希望，有事做，能愛人，做到這三點，你的生命必將變得豐富多彩。

良心的譴責是最痛苦的煎熬

蘇格拉底說：「我從年輕的時候就發現一種特別的現象，即每當我要去做一件不該做的事情時，內心都會出現一個聲音叫我不要做。」蘇格拉底稱這個聲音為「精靈」，而這個精靈只會說「不」，只有當你要去做不該做的事情時，精靈才會對你說不可以。

聽起來似乎有些不可思議，其實不難理解。就像我們常說的「做了這件事，我會良心不安」，這種「不安」跟蘇格拉底所說的意思是相似的，他所說的「精靈」就是我們所說的「良知」。他告訴我們，無論做什麼事情，要先聽聽自己內心的聲音，聽聽「良知」的聲音。

良心，是人的道德情感的試金石。人活著，經歷多大的磨難和挫折都不可怕，最怕的就是良心受到譴責。做了錯事、壞事，或許可以逃過別人的眼睛，甚至逃過法律的制裁，但唯一逃不過的是自己心靈的譴責。

良心的責備比什麼都痛苦。背負著良心債過日子，其中滋味可想而知。仰不愧於天，俯不怍於人，人生才是真正灑脫與幸福的。如今，人們對於財富的追求往往達到瘋狂的地步，人的生命為財富所劫持，而其他的一切則成了附屬，生命在社會的進步中被異化。然而，良心是性善的代表，良

良心的譴責是最痛苦的煎熬

心是每一個凡人的上帝,誰能使一個人擺脫自己良心的責備呢?

法國著名思想家盧梭(Rousseau)幼年時家裡很窮,為求生計,只好到一個伯爵家去當小傭人。伯爵家的一名侍女有一條漂亮的絲帶,很討人喜愛。有一天,盧梭趁著沒人的時候,從侍女床頭拿走絲帶,跑到院子裡玩賞起來。

正在這時候,有一個僕人從他身後走過,發現了盧梭手中的絲帶,立刻報告了伯爵。伯爵大為惱火,就把盧梭叫到身旁,厲聲追問。盧梭緊張極了,心想,如果承認絲帶是自己拿的,那他一定會被辭退,以後再找工作,恐怕就更難了。他結巴了好一陣子,最後撒了一個謊,說絲帶是小廚娘瑪麗偷給他的。伯爵半信半疑,就要瑪麗過來對質。善良、老實的小瑪麗一聽,腦袋頓時呆住了,一邊流淚,一邊說:「不是我,絕對不是我!」盧梭卻死死咬住了瑪麗,並把事情的「經過」編造得十分精采。

這下子,伯爵更惱火了,索性將盧梭和瑪麗同時辭退了。當兩人離開伯爵家時,一位長者意味深長地說:「你們之中必有一個人是無辜的,說謊的人一定會受到良心的懲罰!」

果然,這件事帶給盧梭終身的痛苦。四十年後,他在自傳《懺悔錄》(*The Confessions*)中坦白說:「這種沉重的負擔一直壓在我的良心上……促使我決心撰寫這部《懺悔錄》。」

尋找希望

「這種殘酷的回憶，常常使我苦惱，在我苦惱得睡不著的時候，便看到這個可憐的女孩前來譴責我的罪行⋯⋯」

一時的自私讓盧梭遭受了一生的良心譴責。時刻反省自己的良知，用自己的良知與處世標準進行自我約束和管理，才能減少過失，無愧於心。

良心的懲罰是最痛苦的煎熬，是人生痛苦的根源之一。背負著良心的懲罰會讓你苦惱得寢食不安，要做到坦坦蕩蕩，唯有讓自己的心充滿正直、誠實。當正直和誠實的陽光照耀著你的心靈時，陰霾就會遠離你的世界。

自我約束是減少錯誤最有力的道德力量，因為一個人做了違背道德信義的事，首先受到的是來自內心的懲罰。正直和誠實就是一個人的良知，是一個人心中的審判官。

心中有原則，做事就不會為得失所迷惑，心情就不會為得失所累。為人處世要對得起自己的良心，不要讓良心接受靈魂的審判。

在無望中尋找希望

為什麼在我們年輕時，面前的生命之路總是顯得無比漫長呢？那是因為我們需要尋找空間以塞滿我們無限的希望。希望帶來美好，美好的希望更是令人激動，令人無限嚮往。希望是人們生活的動力和依靠，它讓會思考的生命去奮鬥、打拚，讓人生變得有意義。

戈戈和狄狄是兩個流浪漢，他們出現在一條空蕩蕩的路上，只有一棵光禿禿的樹做背景。他們自稱要等待果陀（Godot），可是他們並不清楚果陀是誰，他們相約何時見面，但他們仍然苦苦地等待著。他們在等待中閒聊，始終不見果陀出現，卻等來了主僕二人——波卓和幸運兒。幸運兒拿著行李，被主人用繩子牽著，唯命是從。流浪漢終於等來了一個果陀的使者，他告訴兩個可憐的流浪漢：「果陀今晚不來了，但明天晚上一定來。」

同一時間，同一地點，狄狄和戈戈仍然在等待果陀。為了打發煩躁與寂寞，他們繼續說著無聊的話，做些荒唐可笑的動作。

這時候，波卓和幸運兒又出現了，只是波卓的眼睛瞎了，幸運兒成了啞巴。最後又等來了那個使者，他告訴狄狄和戈戈，今天果陀不會來了，但他明天一定來……

尋找希望

這是愛爾蘭劇作家塞繆爾·貝克特 (Samuel Beckett) 的荒誕派戲劇《等待果陀》(Waiting For Godot) 中的情節，這部戲劇向我們提出了一個深刻的命題：在無望中尋找希望。

有人說流浪漢等待的果陀是上帝，有人說果陀根本不存在，還有人說果陀象徵著人類的「死亡」。有人問作者貝克特，他苦笑著說：「我要是知道，早就在戲裡說出來了。」然而，他的回答正好啟示我們，人對一切都是無知的，無論是生活著的這個世界，還是我們自己的命運。等待是生活本身，它真實地存在於每個人的人生經歷中。果陀是希望，果陀是不幸的人對於未來生活的呼喚和嚮往，果陀是人們對於明天的希望。

薛西弗斯 (Sisyphus) 是科林斯的建立者和國王。他甚至一度綁架了死神，讓世間沒有了死亡。最後，薛西弗斯觸犯了眾神，諸神為了懲罰薛西弗斯，便要求他把一塊巨石推上山頂。由於那塊巨石太重了，每次還沒上山頂就又滾下山去，前功盡棄，於是他只能不斷重複、永無止境地做這件事。

諸神認為，再也沒有比這種無效無望的勞動更嚴厲的懲罰了。然而，薛西弗斯卻認為自己是幸福的，因為諸神只能夠懲罰他的肉身，而他對於生活的希望與激情並未泯滅。這種希望與激情是他繼續生活的動力，即使承受著肉體上的痛苦。

在無望中尋找希望

每個人都應該有希望，離開了希望，我們的世界將會失去顏色。只要你相信一個較好的明天會到來，那今天的痛苦對你來說就不算什麼。對於那些懷抱希望的人，「鐵窗石壁也不是牢獄」。

希望能夠將自己從一切煩惱痛苦的環境中拯救出來，沉浸於和諧、美滿、幸福的氛圍中。假如從我們的生命中除去希望的能力，還有誰有勇氣、有耐心繼續關於生命的戰鬥呢？

懷抱希望的人，無論如何貧苦、如何不幸，他總有自信，甚至自負。他藐視命運，他相信好日子終會到來。

正是這種希望，這種期待著好日子來臨的心態，使我們可以維持勇氣，可以減輕負擔，可以掃清路障。

無望的是結果，有希望的是過程，正如魯迅所說「絕望之為虛妄，正與希望相同」，而我們所能做的和正在做的，便是在無望與希望之間繼續等待。

這種等待不是消極的等待，等待的過程也可以是無比充實的。希望是存在的，但是要實現希望又是未知的。無論「果陀」是否會來，生活中的人們應該相信，總有一天他會出現，畢竟他是人類生存下去的勇氣。沒有了「果陀」，等待就意味著幻滅。

儘管如此，人類還是應該「明知不可為而為之」。

尋找希望

　　因此，即使人類不斷地受苦、被生活折磨，但心中總是應該保留可貴的希望，只有這樣，才能激勵自我。在死亡以前，希望永遠存在，人生也絕對充滿了美好的希望。

　　等待一直是人類生活動力的來源，因為它帶給人類無窮的「希望」。無論遭遇何種困境，它是人類一切不幸中唯一的安慰。在無盡的等待中，人類生生不息。

信仰是人生的指路燈

所謂信仰，就是相信人生中有這樣一種東西，它比一己的生命重要得多，甚至是人生中最重要的東西，值得一個人為之活著，必要時也值得為之犧牲。這種東西必定高於日常生活，像日月星辰一樣照耀在我們心中，我們相信並仰望著它，這就是信仰。但是，它又不像日月星辰那樣可以用眼睛看見，只是靈魂的一種寄託和精神上的支柱。

判斷一個人有沒有信仰的唯一標準是，這個人在精神追求上是否具備真誠的態度。一個有著真誠態度的人，無論他是虔誠的基督徒、佛教徒，還是蘇格拉底式的無神論者，或是尼采式的虛無主義者，都可以視為有真正信仰的人。這些人的共同之處是，他們都相信人生中有一種超出世俗利益的精神目標，它比自己的生命還重要。他們都是精神上的聖徒，都在尋找和守護同一種東西，那是使人類高貴、偉大、神聖的目標，而他們在尋找和守護的過程中也證明了這種東西是真實存在的。

其實，真正的信仰並不在於相信佛、上帝、真主或其他神靈，而在於相信人生應該有一種崇高的精神追求，有超脫世俗的理想目標。如果說宗教真的具有價值，那也僅僅在於它為這種追求提供了一種更為普及的方式。然而，一旦普及

就容易流於表面形式,反而削弱甚至喪失了追求的精神內涵。所以,真正看重信仰的人不會盲目地相信某一種流行的宗教或其他思想,而是透過獨立思考來尋求和確立適合自己的信仰。

一切外在形式的信仰只不過是誘餌,其價值就在於把人引向內心世界,過一種內在的精神生活。神並非真的居住在宇宙間的某個地方,它唯一可能的存在方式是我們在內心中對它的景仰與感悟。信仰的真假,就在於有沒有這種內在的精神生活。偉大的信徒必然有著偉大的內心世界,如果人沒有自己的精神生活,即使他是一個虔誠的信徒,全心全意相信天國和來世,也不能說他有真實的信仰。

正如伊曼紐爾・列維納斯(Emmanuel Levinas)所說:「信仰不是關於上帝是否存在的問題,而是相信沒有獎勵的愛是有價值的。」真正的信仰是內在的自我覺醒,是靈魂對肉身生活的超越,以及對普遍精神價值的追尋和領悟。無論是哪一種形態的信仰,都不能缺少這種自我覺醒的意識,否則就稱不上真正的信仰。正因為如此,一切偉大的信仰者,不管在宗教上、精神上的歸屬如何,他們的靈魂都是相通的,他們通常具有某些最基本的共同信念,正因為如此,他們才得以成為全人類的精神導師。

信仰是人內心的一縷陽光,它照亮了人生之路。沒有信

仰的人只能在黑暗中摸索爬行，無法辨別方向，也沒有前進的目標，只能隨波逐流，一塌糊塗地活一輩子。反之，有著真誠人生態度的人，即使沒有找到一種明確的思想形態作為信仰，但也可以算是一個有信仰的人，因為他至少是在信仰著一種有真誠追求的人生境界。

在這樣普遍喪失甚至嘲弄信仰的時代，也許唯有在這些真誠的追尋者和生活的迷惘者之中才能找到真正有信仰的人。人透過兩個途徑走向上帝或神靈：尋找自己的靈魂生活的根源，尋找宇宙永恆存在的意義。

尋找希望

苦難
是人生的試煉

苦難是人生的試煉

世路難行仍要行

　　班是一名落魄的作家，他離不開酒，總是用酒精來刺激自己麻木的神經。他的妻子離開了他，之後他又得罪了最後一個朋友，隨即工作也沒有了。全無依靠的班變賣家產後，決定前往紙醉金迷的賭城拉斯維加斯。他來這裡的目的就是要在生命的最後階段，用一瓶瓶的酒伴隨自己走向生命的終點。

　　在賭城，班遇到了妓女莎拉。兩個人相遇後，彼此悲慘的境遇讓兩顆心靠近，他們在一起度過了一個夜晚。於是，莎拉讓班住進了自己租住的公寓，莎拉理解班決心醉死的念頭，答應不干涉班按照他自己的方式生活。她繼續出去討生活，班則繼續天天買醉。

　　有一天，莎拉回來的時候，發現班居然和另一個妓女在床上，一怒之下，將班驅趕出去。後來，莎拉自己也遭遇了厄運，幾個無賴侮辱了她，並把她打得鼻青臉腫。房東見到狼狽不堪的莎拉也將她趕了出去。

　　這時，班打電話希望見她，莎拉對班的愛戀遠遠超過了恨意，見到班的時候，班已經奄奄一息。第二天，班死了，莎拉則呆呆地坐在班的床邊，一絲陽光劃出了冰冷的劃痕。

　　電影《遠離賭城》（*Leaving Las Vegas*）上映後，曾引起了很大的迴響，並促使人們深入思考生活。

其實，在很多時候，將人送上死亡的不是疾病，也不是災難，而是對生活的畏懼與絕望。當人們不堪忍受生活的壓力、挫折時，便失去了活著的動力，與命運抗爭的勇氣、信心也隨之消失，剩下的只有死亡。

我們不得不承認，生活是艱辛的，因為生活本身就是一種困境。不幸的是，當你降生到這個世界上，沒有人給你一本指導手冊，教你如何度過艱難的一生。在十幾歲的時候，你可能熱切地期盼生活是一場盛會，只要加入其中就可以像成年人一樣，演繹一場豐富多彩的人生盛宴。然而，當你真正步入社會以後，才會逐漸意識到，生活原來是如此艱難！

如果你希望自己的人生一帆風順，那麼，請你忘掉這種想法吧！也許，這種說法會讓你覺得驚訝，但對每一個人來說，生活都是艱辛的。即使你才華洋溢、位高權重，你的生活也不會倖免於艱辛，每個人都將不同程度地體驗到生活的壓力和痛楚。

在整個人生旅途中，呈現在我們面前的是曲折的道路。在那些你曾經認為所有情況都盡如人意的事情上，你面對的可能只是一條通向錯誤方向的單行道。也許，人生的某一段旅途中會暢通無阻，沒有一點坎坷、挫折。這時，你可能會認為自己終於了解了生活的運行方式。

不幸的是，就在你相信自己可能得到了指引的時候，發

苦難是人生的試煉

　　生了一些意外事件，打破生活的安寧。災難會在你意想不到的時候出現，而且在大多數時候，事情會顯得比實際情況要糟糕得多。沒有什麼好事情能長時間延續，也沒有什麼壞事能夠持久不散。禍福相依就是這個道理，而這就是生活。

　　儘管生活中有如此多的艱辛，但生活實際上遠比我們想像的要容易一些。只是需要我們接受一切不可能的情況，能夠在一無所有的時候前行，能夠承受不可忍受的困境。經受生活的考驗越多，取得的成就越大。關鍵在於你要放開自己的思想，依靠自己的內在力量，自信而成功地度過困難的時刻。

　　生活就是一個不斷學習、不斷累積的過程，苦難則是偉大的導師。幸福和愜意不會錘鍊意志，苦難卻可以磨鍊堅強的品格。一旦在苦難中獲得鍛鍊，你就有了面對更壞情況的心理準備。

　　生活中，本無絕望的處境，只有將絕望帶入生活的人。關鍵在於，我們是如何對待自己的環境。接受生活並不輕鬆的事實，就會使自己的生活輕鬆很多。

　　最重要的是需要記住：是的，生活很艱辛，但就算如此，那又有什麼大不了的呢？

安全感來自於無所畏懼

安全感是一個力量強大的主人,他用一個看不見的牢房來囚禁他的奴隸們,這個房間用恐懼做牆,用惡毒的信念做水泥。其實,尋求安全感不是壞事。動物為了安全地度過冬天,喜歡收集很多食物;貧寒的家庭為了尋求安全感,總是省吃儉用,積蓄很多錢。尋求安全感是必需的、有益的,但如果安全感阻礙了我們人生的可能性,那就得不償失了。人一旦淪為安全感的奴隸,那麼,他將永無重生的機會。

《鬥陣俱樂部》(Fight Club)是一部以死亡為主題並具有社會警示作用的文學作品,書中講述了這樣一個故事:黑塞爾輟學後在一家報攤工作,對生活沒有任何激情,庸庸碌碌地過日子。突然有一天,一支手槍對準了他的後腦勺,有人告訴他只有幾分鐘的時間可活,而這一切都是泰勒的精心策劃。他想進行一場所謂的「生存教育」實驗,以對死亡的恐懼來喚醒黑塞爾對生活的重新理解。將槍從黑塞爾腦袋上拿開後,他一邊走一邊想:「黑塞爾,今天的晚餐將會是你所嘗過最美味的盛宴,而明天則會是你有生以來最燦爛的一天。」

危險是有力的當頭棒,能夠將我們從遲鈍麻木中喚醒。沒有人一生下來就能夠擁有安全,安全可能需要人們畢生為之奮鬥。安全最多是一種幻想,太多的安全就會成為危險。

苦難是人生的試煉

在很多情況下，最大的冒險可能存在於事事求安的舉動中。

一般而言，對於能激起恐懼情緒的事物，我們都避而遠之。人們都有一種能力，即使面臨著許多令人不快的情況，也能在現有的條件下舒適地生活。在工作場所，我們忍受著沒有前途的工作、不喜歡的職業，以及因誤解而產生的抱怨。儘管如此，我們依然拒絕改變，因為我們害怕那些未知的情況。

然而，令人奇怪的是，對於危險事物的思考，卻能帶來愉悅。原因在於，我們是在經歷「他人代理的恐懼」——虛構的或實在的他人身陷絕境，而我們則是以局外人的身分體驗某種恐懼。換句話說，雖然沒有真正地面對危險，我們卻有機會體驗某種極端的場景，感受到日常生活中罕見的情緒。同時，我們承擔了兩個角色：在某種程度上，我們就是小說、電影或遊戲中的人；但又置身於事外，隨時可以闔上書或關掉電視，回到現實世界。也就是說，我們可以控制整個事態的發展。

在現實生活中，也有很多人喜歡實際體驗虎口脫險的刺激。他們選擇了參與者的角色，而非僅僅作壁上觀。一個典型的例子就是所謂的「極限運動」。雖然每種運動都有一定的危險性，但極限運動的不同之處在於：危險性正是其魅力所在。似乎情況越是危急，得到的樂趣就越多。輕則身體受

傷，重則性命不保，這種危險能帶來全新的生命感受。

更重要的一點是：參與者必須有一種自主感，不會覺得是命運在掌控一切。從這個意義上說，進行一場極限運動，就像是完成一次死亡之旅。我們從容不迫地接近了死神的領地，然後成功地返回現實生活，感覺到自己的人生真正圓滿了。如果沒有危險的因素在內，這種體驗便無法帶給人滿足感，其關鍵就在於親身的生理感受與體驗。

人生就是一場冒險。你投入的愛越多，承受的風險也就越大。我們一生要經歷數以千計乃至百萬計的風險，而最大的風險則來自於自我的成長，即走出童年的朦朧和混沌狀態，邁向成年的理智和清醒。這是一次了不起的人生跨越，它相當於躍向前方的奮力一跳，而不是隨意邁出的一小步。不過，很多人終其一生都未實現這種跨越。

成長的過程是極為緩慢的，心智的成熟不可能一蹴而就。心智的成熟，就是要勇於追求獨立自主，實現完整的自我，獲得心靈的獨立，而這種獨立自主就是透過對人生不安全感的充分體驗而獲得最終的安全感。只要不斷地嘗試新鮮未知的領域，安全感自然將有所提高。體驗永遠是真實的，對於危險的恐懼來自於事情發生之前，當危險的事情發生時，其實是沒有恐懼的。

不安全感來自於習慣了自己熟悉的領域。我們在成年之

後，就沒有了童年那種未知和無畏，沒有了對未知的好奇和探索。而且過去的經驗和認知總是在提醒我們，前面會有危險，這既是對自我的保護，同時也束縛了自己，人就是這樣作繭自縛。安全的背後是退縮和逃避，但停留在自我設定的「安全區域」時，內在的自我是永遠不會滿足的。內心生命的動力，永遠在驅使自己，而頭腦中的經驗，又在束縛著探索的行為。跨不出去，就是自我的掙扎，是人生永遠的矛盾。

真正理性的頭腦，可以指導自己的行為，不顧過去經驗所提示的危險，而如同嬰兒般無知且無畏地去探索。當然，他們也會避開真正的危險。不斷發現「未知的危險」，就是人生潛能不斷釋放的過程，而人生的意義和快樂就是潛能釋放所產生的激勵。

苦難是人生的點綴

在如今這個觀念多元化的社會，體驗自己未曾經歷過的東西幾乎已成為時尚，每個人都力所能及地選擇自己的人生體驗。追求幸福是天性，誰也不會主動去追求苦難，甘於當苦行僧。然而如果人生中沒有苦難，就不會嘗到辛酸後的甜蜜。

假設有這樣一架萬能機器，無論你想要什麼樣的生命體驗，它都能提供給你。如果你想寫一本小說，機器的電極就放到你的大腦裡，隨著電流的輸送，你就會得到創作的靈感；如果你想游泳，電極就會輸送猶如大海般的流動感，閉上眼睛就能體會到在水裡的感覺。你願意終身接通這架機器，事先計畫好自己的生命體驗嗎？

在這架機器裡，每個人都可以選擇只有快樂、剔除苦難的生命，但多數人都選擇不與之相連。為什麼會這樣呢？難道除了快樂，還有其他事情更讓我們內心感到有價值嗎？難道人生不是幸福就行了嗎？

在古希臘神話中，盜火種給人類的英雄普羅米修斯（Prometheus）被宙斯（Zeus）鎖在高加索之巔，飽受蒼鷹叼啄之苦。後來，海克力斯（Hercules）將蒼鷹射死，救下了普羅米修斯。據說，當海克力斯去解救這位拯救人類的英雄時，

苦難是人生的試煉

是坐在一個瓦罐上,衝破驚濤駭浪、遠渡重洋。

這個神話深刻而真實地象徵著人生意義:世界上的每一個人,都是以血肉之軀的孤舟,橫遊波濤翻滾的人生之洋。這才是真實的人生,人生重要的是真實性。

苦難是人生的常態,誰都可能面對絕望處境,誰都會碰上沒有舟的渡口和沒有橋的河岸。在人生旅途上,每個人都將受到命運之神的捉弄。既然人生在世,免不了遭受苦難,如何面對苦難就成為擺在每個人面前的重大命題。

維克多·法蘭克(Viktor Frankl)是一位猶太裔心理學家。二戰期間,他被關押在納粹集中營裡,常常遭受嚴刑拷打,隨時面臨死亡的威脅。

有一天,他忽然悟出了一個道理:就客觀環境而言,我受制於人,沒有任何自由。可是,我的自我意識是獨立的,我可以自由地決定外界刺激對自己的影響程度。法蘭克發現,在外界刺激和自己的反應之間,他完全擁有選擇如何做出反應的自由與能力。於是,他靠著各式各樣的美好記憶、想像、期盼等因素,不斷地充實自己的生活和心靈。他學會了心理調控,不斷磨鍊自己的意志,其心靈的自由早已超越了納粹的禁錮。

法蘭克的這種精神狀態感召了其他獄友。他協助他們在苦難中找到了生命的意義,找回了自己的尊嚴。後來,法蘭克這樣寫道:「每個人都有自己特殊的工作和使命,他人是無

苦難是人生的點綴

法取代的。生命只有一次,不可重複,實現人生目標的機會也只有一次。然而,最可貴的是,一個人可以自由地選擇自己的思想,無論是身陷囹圄,還是行將就木,他都能夠按照自己的意志自由地決定外界對自己產生的影響。」

在生命最痛苦、最危難的時刻,在精神行將崩潰的臨界點,法蘭克透過強大的意志調控心靈自由,不僅挽救了自己,而且挽救了許多患難與共的生命,活出了生命的價值。其實,真正的人生,正在於賦予脆弱的凡人之軀不可戰勝的神性。

不過,苦難並無法保證你會得到完全綻放的利益花朵,它只提供解脫的種子。你必須找出這粒種子,並且以明確的目標給它養分並栽培它,否則它不可能開花結果。上帝正冷眼旁觀那些企圖不勞而獲的人,而那些真正懂得生活真諦的人,知道如何向苦難的生活索取教義。

然而,無論如何,只要你在活著的時候應付不了生活,就應該用一隻手撥開籠罩著你的生活的絕望;同時,用另一隻手記下你在廢墟中看到的一切,因為你和別人看到的不同,收穫的更多。一切幸福絕非沒有煩惱和憂慮,一切苦難也絕非沒有慰藉與希望。苦難猶如一面三稜鏡,將單調的人生折射出繽紛的色彩。最美好的刺繡也是以黯淡的背景襯托出美麗的圖案,而絕非將黯淡的花朵鑲嵌於華麗的背景之上。

苦難是人生的試煉

耐得住寂寞，懂得潛伏

　　耶穌被釘死在十字架上的那一天，是全世界最絕望的一天。但是，三天之後，耶穌就復活了。因此，當我們遇到困境時，不妨耐心等待三天。

　　大多數人是平凡的，就像一顆毫無特色的種子。雖然這些種子都是平常的皮包裹著平常的仁，但有的最後長成了普通的植物，而有的長出了偉大的生命。同樣的土壤，同樣的陽光，同樣的甘霖，為何孕育了不同的生命呢？

　　耐得住寂寞，成功才會歷盡艱險、翩然而至。「頭懸梁，錐刺股」也好，「鑿壁偷光」也罷，都指出成就大業者在其創業初期，是能耐得住寂寞的。古今中外，任何成功者都不例外。德米特里・門得列夫（Dmitri Mendeleev）的化學元素週期表的誕生，居禮夫人（Marie Curie）發現鐳元素，在抵達輝煌頂峰之前，他們都經歷了漫長的寂寞與等待。在索然無味的單調生活中平心靜氣地研究，最終才在反覆的思考與冷靜的實踐中有所成就。

　　欲成事業要耐得住孤獨，潛心修練，才能深入「人跡罕至」的境地，汲取智慧的甘飴。如果過於浮躁，急功近利，就可能適得其反，徒勞無功。

耐得住寂寞，懂得潛伏

《莊子‧內篇‧逍遙遊第一》說：「北冥有魚，其名為鯤。鯤之大，不知其幾千里也；化而為鳥，其名為鵬。鵬之背，不知其幾千里也；怒而飛，其翼若垂天之雲。」北冥之鯤化身為鵬的過程雖然只是轉瞬，但在此之前力量的累積並非是一朝一夕能夠完成的。

「鯤化鵬」包含著兩個方面的含義：沉潛與騰飛。在人生的某個時刻，或是耽於年幼，或是囿於困境，都只能沉潛在深水中，一動也不動，而一旦時機成熟，或自身儲備了足夠的能量，就能搖身一變，展翅騰飛。深海沉潛的目的既是為了使自己能夠安心韜光養晦，更是為了有朝一日能夠一飛沖天。

事實上，人生絕大多數時間都是在蟄伏、積蓄、等待。這種淡然、平靜的姿勢並非無為，而是以一種示弱的、最不易引起警覺和敵意的狀態為自己爭取一種好的氛圍，讓人能夠在靜如止水的淡然之中獲取自己想要的東西。

然而，現在很多人偏偏不懂這個道理，他們希望靠著初生之犢不畏虎的銳氣闖出一片天地。這些人大多是坐而論道的高手，真正實踐後卻常常因能力有限而成為行動的侏儒。那些不願意在寂寞中充實自我、等待機遇的人，大多數會成為格局有限的投機者。

在一個著名的投機者的墓碑上寫著這樣的墓誌銘：「他曾

經生活、投機、失敗。」生活與商海一樣，投機所得也會因投機而失去。故而，不如屏住耐性，這樣才會有寶劍出鞘的絕響。

雖然我們從小學時就知道「守株待兔」的故事，雖然那個守株待兔的農民被嘲笑、諷刺了幾千年，雖然我們大都認為守株待兔的成功機率和「天上掉黃金」的機率相同，但還是有很多人固執地守在那一截木椿旁邊，等著兔子撞過來。

守株待兔，一般用來比喻懷有不經過努力就能成功的僥倖心理的人。其實，守株待兔倒也不是什麼天方夜譚，但假如你真的希望會有一隻兔子暈倒在自己身邊，至少首先得擁有一棵樹吧？所以，如果希望能有好的機遇降臨在自己身上，首先就要做好迎接機遇的準備，也就是在兔子撞過來之前先把樹栽好。

機會猶如梯子兩邊的側木，本人的打拚奮鬥和準備猶如梯子中間的橫木，兩者兼有，才能成為通往成功的梯子。然而，機遇是可遇而不可求的，既然機遇無法掌控，我們只有先準備好梯子的橫木，因為機會總是偏愛有所準備的人。

自我覺察是一種智慧

自從亞當和夏娃被逐出伊甸園後,他們的子孫一直在尋找那棵上帝禁止人類靠近的生命樹。戰勝死亡,贏得不朽,獲取永恆的自由,這是人類一貫的夢想。

這也是人類千百年來的悲哀,人類在逃避死亡、尋求不死的過程中喪失了自由,始終沒有走出死亡的牢籠,就這樣在原地徘徊不前。

人們因為對外在世界與內在心靈雙重的無知,加之對於死亡的無能為力,就索性不去思考人生,不去尋求自我救贖之道,認為那只是徒增負擔而已。這樣做也許能夠獲得暫時的幸福與滿足,但也注定會陷入難以自拔的處境:空虛,無聊。於是,人們就以辛勤的忙碌與遊戲消遣等外在之物占據自己的心靈,使自己擺脫對憂傷、不幸的苦苦思索。

終日在工作與生活的嘈雜紛亂中昏昏庸庸地度日,卻從不反省過去的人,就彷彿一架嗡嗡作響的紡織車,連續不斷地扯出生活之線,卻不知道自己究竟在做什麼。人若處於這種狀況,他的情感就是混沌模糊的,他的思想則是紊亂無序的。

人的生活若庸庸碌碌,那麼他將不得不面對這種命運,

苦難是人生的試煉

他的頭腦裡充塞著各式各樣的印象,已無餘力再進行理智的判斷。

然而,自由的人不會讓自己處於這種「將死」的狀態。智者的智慧,不是對死的默念,而是對生的沉思。猶太人有句格言:「人類一思考,上帝就發笑。」即便如此,還是有無數人為了成為有思想的人而不斷努力。對於我們來說,最強大的力量源於頭腦中的思想和內心的力量。

為了使我們的生活更富有理智,更加周密細緻,也為了從生活中汲取更多的經驗,我們必須不斷地反省生活,歸納我們所做的事、所留有的印象和情感,然後與當下的判斷進行比較。這種對生活的反省,既是重新思考我們曾從事的工作和奮鬥,同時評價以往獲得的成就,更是再次享受成功後的喜悅。對生活的反省可以說是對個人生活經驗的一種生動的再現,而這種經驗將有益於我們每一個人。

人生的閱歷與經驗就像一本教科書,透過對它的反思、評判,我們將獲益匪淺。只要不斷地反省並從中獲取大量的知識,其結果就會如同那些古書,雖然每頁上只有簡短的幾行文字,但有很多行注釋。如果僅有豐富的經驗而不對之進行反省,也得不到大量的知識,那麼擺在我們面前的將是另一種圖書,沒有任何注釋,但大部分內容都是深奧難懂的。

蘇格拉底曾把自己比作一隻牛虻,其職責就是不停地叮

咬人們、喚醒人們，使人們對專注於錢財和榮譽、不在意智慧和靈魂的生活感到羞愧。對自己的生活進行反省與覺察，是對靈魂最即時、最有效的保護。

據說，有兩個基督徒在街上巧遇，甲問：「最近都忙些什麼？」乙回答說：「我在閉門思過。」甲說：「好啊！人是應該時刻反省自己，可是你為什麼不去教堂聚會呢？」乙回答說：「我在思別人之過，沒空。」

很多人就是這樣，只會挖空心思挑別人的過錯，凡事諉過於人，認為自己沒有錯。結果，為了一點小事就打得不可開交。看不到自己的問題，不反省自己的生活，就是在毀滅自己的人生。

懂得應該如何生活的人是高尚的，對此一竅不通的人可以說是生活的奴隸。反省、覺察自己的生活，保護好自己的心靈，去除造成生命痛苦的因素，才會成為如意生活的主人，擺脫奴隸一般被動受苦的人生。只有在覺察中為自己的活法找到合於真相及真理的良好意義，生活才會變得更加美好。

苦難是人生的試煉

人性應該
抵達的境界

人性應該抵達的境界

求知欲是前進的動力

　　如果浮士德（Faust）沒有遇見梅菲斯托費勒斯（Mephistopheles），沒有將自己的靈魂賣給這個代表「否定」和「邪惡」的魔鬼，那我們失去的將會是一個至今仍然獨領風騷的精神領袖，而世界上不過又多了一個平庸的糟老頭子而已。

　　浮士德一生追求知識，但對他來說一生的時間太短，一事無成卻已到花甲之年。正當他在書齋裡自怨自艾，悲嘆他倏忽而至的暮年時，魔鬼梅菲斯托費勒斯來到他身邊。他提出可以滿足浮士德的所有願望，條件是浮士德必須將自己的靈魂作為抵押，如果他能讓浮士德有滿足的一天，那麼他的靈魂將歸梅菲斯托費勒斯所有，來生做惡魔的僕人。剛才還在詛咒知識的浮士德，聽到這個消息後，立刻做出了平生最果斷的決定，以放棄靈魂所屬來換取返老還童的機會，重新開始了求知的旅程。故事從這裡就開始讓讀者們揪心，很多人擔心浮士德會經不起誘惑，最終沉迷於欲望的滿足而被梅菲斯托費勒斯收走靈魂。

　　其實，我們大可不必杞人憂天，因為浮士德從一開始就告訴我們，求知欲本身是永遠不會得到滿足的。

　　知識是無窮的，我們知道的越多，就越想知道更多。求

求知欲是前進的動力

知欲讓我們有了追求的行動和意志力，而這種行動和意志力又反過來激發了更多的求知欲。在理智和求知欲的引導下，浮士德從追求純粹的知識到追求愛情，追求政治上的作為，追求藝術的古典美，直到最後追求改造自然的宏偉事業。在整個過程中，浮士德從未感到滿足，哪怕是那一句著名的「你真美啊，請停留一下」的感慨，也是對未來的一種設想，與此時此地正在發生的事情無關。

「吾生也有涯，而知也無涯」，浮士德的孜孜不倦、樂此不疲，為求知欲做了最好的詮釋。而鼓舞了無數有志青年、所謂永不滿足、超越自我的「浮士德精神」，從根本上來說也是拜求知欲所賜。

我們幾乎可以毫不誇張地說，求知欲是生命的原動力。假設我們生而全知，這個世界至少會失去百分之九十的魅力：孩童時期無知混沌的幸福便成了一種無法實現的奢望；沒有了對未知的好奇，也就沒有了謎底揭開時的大快人心；我們不必忍受等待的焦慮，同時也被剝奪了真相大白時的酣暢淋漓；沒有了身陷絕境的無助，便再也無法享受希望來臨時的心曠神怡。最重要的是，如果我們生而全知，生命的主旋律「成長」從我們呱呱落地的那一刻就靜止了。生命沒有了從小到大、由弱到強、從不完美到臻於完美的變化，我們從一開始就成了一個無所事事的活死人。

人性應該抵達的境界

眼力所及沒有任何新鮮的東西,所有的問題都已經解決,只剩下一個問題卻是無解:我到哪裡去找行動的理由。

這樣的人生無疑是不值得擁有且無法忍受的,所以應該慶幸我們的無知,無知激發了求知欲,也為人生注入了無限的意義。「知之者不如好知者,好之者不如樂知者」,由於無知,從而勤於求知,並從求知中得到莫大的樂趣,這不僅給了我們行動的理由,更賦予了行動的快樂、行動的意義。

學會保護自己的弱點

希臘聯軍幾乎集合了當時所有名聲在外的英雄來攻打特洛伊城，有著非凡的力量和天賦的阿基里斯（Achilles）無疑是所有英雄中的佼佼者。他一度因為阿加曼農（Agamemnon）搶走了自己的女俘而憤怒，拒絕上場作戰，沒有阿基里斯的希臘聯軍實際上相當於失去了一半的力量，在戰場上節節敗退。當得知好友帕特羅克洛斯（Patroclus）死於敵手後，阿基里斯這才披甲上陣，讓整個特洛伊城陷入空前的混亂和恐慌。在戰場上，阿基里斯所向披靡，立下赫赫戰功，正是他將對方的頭號英雄赫克托爾（Hector）斬於馬下，讓特洛伊王普里阿摩斯（Priamus）失去了最榮耀的兒子。然而，即使有著不共戴天的殺子之仇，當普里阿摩斯面對阿基里斯時，也情不自禁被對方的英雄豪氣所折服。

阿基里斯是佩琉斯（Peleus）與海洋女神忒提斯（Thetis）的兒子。他出生的時候，母親忒提斯將其倒提著腳跟浸入冥河水中，經過河水的浸潤，阿基里斯從此變得刀槍不入。除此之外，阿基里斯還擁有火神赫菲斯托斯（Hephaestus）為其精心打製的鎧甲和盾牌，精美絕倫，世間少有，這些都讓他在戰場上所向無敵。在人類中，阿基里斯難逢對手，能致阿基里斯於死地的似乎只有神靈。

忒提斯曾多次預言阿基里斯的死亡，但有誰能夠想到叱吒風雲的阿基里斯最後竟然死在特洛伊王子帕里斯（Paris）的

人性應該抵達的境界

手裡，一個荷馬（Homer）甚至沒有給予英雄頭銜的平庸之輩（雖然他貴為王子），而問題就出在阿基里斯未能浸入冥河的後腳跟上。阿基里斯的腳跟是他致命的弱點，這在當時的希臘人眼裡已是眾所周知的事實，不知是出於疏忽大意還是心高氣傲，阿基里斯在生死攸關的時刻竟然不對自己的弱點採取絲毫防範措施，使其暴露無遺。

從這個意義上而言，阿基里斯的死是偶然，但也伴有必然的成分。人不僅生下來就有原罪，而且生來就有弱點，有自己的「阿基里斯的腳跟」。無論是神還是人，都無一倖免。宙斯貪戀人間美色，赫拉（Hera）妒忌成性，阿加曼農剛愎自用，奧德修斯（Odysseus）懷疑一切。這些性格缺陷像阿基里斯的腳跟一樣，很難或者根本不可能消除，但大可不必為其感到恥辱和悶悶不樂，不能消除不代表無法補救，至少我們還有最後的主動權，那就是學會保護好你的「阿基里斯的腳跟」，使其不被利用，不讓其成為威脅自身的異己力量。

外在的不足很容易彌補和保護。荷馬失明，卻不妨礙他用高妙的語言唱出流傳千古的《荷馬史詩》（Homeric Epics）；史蒂芬·霍金（Stephen Hawking）的肢體癱瘓，腦內思想卻做著最高難度的動作。世界之大，總有一個地方是你的弱點無法到達的，我們可以巧妙地避免自身缺陷，找到能自由發揮的舞臺。

相比而言，內在的弱點才是更為隱蔽、更為致命的。它深深嵌入你的性格和靈魂之中，已經成為本我的一部分，沒有了它，你就不再是原來的你。如果將其連根拔起，傷口將會永遠鮮血淋漓，久久無法癒合。如果宙斯不好色，如果赫拉不妒忌，他們將會變得更高貴、更像神的樣子，但他們卻不再是宙斯和赫拉，他們的身分就得不到認同，成為完全陌生的另外兩個人。弱點不是我們可以選擇的，而是必須接受的東西，首先學會與其共存，然後才是與其鬥爭。

不過，有多少人清楚地知道自己的「阿基里斯的腳跟」是什麼，又有多少人甚至從來沒有思考過這個問題。很多人不是輸在自己的弱點上，而是輸在根本不知道自己的弱點是什麼。因此，最迫切的任務不是保護好「阿基里斯的腳跟」，而是在此之前先找到它的位置。

人性應該抵達的境界

適時給予，大膽拒絕

有的父母因為擔心孩子營養不足，恨不得把大量食物硬塞進孩子嘴裡；有的父母擔心孩子的安危，堅持開車接送孩子，不惜為此犧牲大量時間；有的父母花大量金錢，為孩子購買成堆的玩具或衣服；有的父母對孩子的一切要求，都是有求必應……

這些當然是愛孩子的方式，但真正的愛不是單純的給予，還包括適當的拒絕、適時的讚美、得體的指責、必要的爭論、恰當的鼓勵、溫柔的安慰、有效的敦促等。真正意義上的愛的滋養，遠比一般意義的撫養複雜得多。如果說學會給予是一種成長，那學會拒絕就是一種成熟。

人們總是鼓勵給予，有形的和無形的，每一個媽媽都鼓勵自己的孩子跟其他小朋友分享自己的玩具，每個人都懂得在朋友難過的時候送上自己的關切和安慰。給予是一種潛移默化而來的能力，是我們最不需要花時間考慮的問題，我們通常脫口而出的是：「好，沒問題。」

既然我們如此清楚什麼時候該給予，那我們肯定明白什麼時候該拒絕，因為拒絕恰好是給予的反面。然而，事實令人跌破眼鏡，爽快地答應每個人都很輕鬆，即便一點頭就意

適時給予，大膽拒絕

味著要跋山涉水、費盡周折，而簡單的拒絕卻是結結巴巴，缺少信心。生活中不乏這樣的場景，就算被拒絕的要求是很無關緊要的事情，人們也總是不厭其煩地為自己辯護，尋找正當理由，似乎拒絕就意味著對別人的否定。

實際上，這是一直以來誤導我們的錯誤觀念在作怪。這種觀念認為，給予是積極的、肯定的，而所有的拒絕都是消極的、否定的，是對人的排斥。在很長一段時間裡，一直是這種以偏概全的觀念讓我們忍受著不必要的自責。

奧德修斯的妻子佩涅洛佩（Penelope）以其貞潔溫良的品行得到了荷馬的熱情歌頌。她在家跟眾多求婚者周旋的困難程度，絲毫不遜於奧德修斯在海上的九死一生。然而，奧德修斯的努力有其不得已的原因，因為他的苦難早有奧林匹斯山上的大神事先安排，而佩涅洛佩如此身心疲憊在相當程度上是她自己的不會拒絕招來的厄運。

對於每一個求婚者，佩涅洛佩都不明確拒絕，而是任憑他們在自己家中尋釁滋事。她是不忍心傷害他們對自己的愛慕，還是真的打算一旦得知丈夫的死訊就馬上嫁給他們其中的一位？其中的原因我們不得而知。不過，我們看到的是佩涅洛佩年復一年、日復一日地在織布機上替自己的丈夫織裹屍布，以此來掩人耳目——她許諾織完之後就答應求婚人的請求，但是白天織好的部分在晚上就會被佩涅洛佩偷偷剪斷。

人性應該抵達的境界

　　這樣暗無天日的生活一直維持了十年，奧德修斯從海上回到家中，殘忍地射死了所有的求婚者。

　　難道這就是佩涅洛佩想要看到的結果嗎？如果佩涅洛佩從一開始就拒絕那些求婚人的無禮請求，我想結局要好得多。她至少不用每天自欺欺人地在織布機上悲傷地忙碌，也不必用自家的財產養一群貪婪的食客。她的不拒絕不僅帶給自己痛苦，還為那些求婚人帶來了厄運。

　　我們寧願給予，哪怕給予意味著傷害，卻不願意拒絕，即使拒絕能給予更多。關於給予，每個人都無師自通，但是關於拒絕，我們要學的還太多。

　　其實，有時候給予可能是一種傷害，拒絕也可能是一種仁慈。

尊重他人，更要尊重自己

得益於儒家文化的薰陶和浸染，「禮」在中華文化一度被發揮到了極致。天地君親師，君君、臣臣、父父、子子，三從四德，三綱五常⋯⋯幾千年的封建王朝，受到來自各方面的質疑，但唯獨對於孔子立下的「禮」，上至王公貴族，下到市井百姓，無不頂禮膜拜，引以為傲。

作為一種對他人示好的外在表現形式，「禮」的核心乃是敬畏，只有懷著一顆對人、對事的敬畏之心，我們才甘願三跪九叩，行禮作揖。因此，講究「禮」的中華民族做得最好的就是尊敬他人，無論何時何地，總是要先將他人抬高、把自己擺低，才能心安理得地交流。

如今，孩子們接受的教育仍然跟幾千年前相差無幾。在家孝敬父母，在學校尊敬老師，此外還要尊敬長者，無論是從身分上還是從年齡上。

或許對「禮」的社會性過分關注，讓我們忽視了「禮」字本來就有的另一層意義，那就是自尊自重。我們以禮待人，同時也要以禮待己。中華民族重群體而輕個體，它希望所有人發出同一個聲音，個性的張揚被視為異類、不合群，結果是木秀於林，風必摧之。因此，對自我的尊敬似乎總是缺少

人性應該抵達的境界

那麼一點理直氣壯的成分,與尊敬大局比起來,顯得不夠大氣,過於狹隘和落後。

與其說自尊本身狹隘,倒不如說是對自尊的理解狹隘。自尊,絕不是一味地自大和自傲,更不是怯懦的自我憐惜。自尊是意識到自身作為個體存在所天然具有的合法性,是對自我生命的感恩和正視。

從這個意義上來說,自尊包含了兩個層面的含義。

第一,自尊是不妄自菲薄。

習慣性地把自己擺得很低,久而久之就會讓人產生一種錯覺,彷彿自己真的技不如人,低人一等,此生與轟轟烈烈無緣。因此,便不自覺地放鬆了對自己的要求,甘心走在隊伍的最後。這樣的人,因為缺乏對自己起碼的尊重,沒有負起對生命的責任。

自尊的人從來不妄自菲薄,他們對自己充滿信心,勇於嘗試一切新鮮的東西,而不是還沒開始就宣告失敗。因為生命只有一次,它值得擁有對世界上所有美好事物的體驗。

第二,自尊是尊重自己內心的真實感受。

說言不由衷的話,做言不由衷的事,是對自我的極大侮辱。不假思索、迫不及待地想要融入群體中,是以抹殺自己的個性為代價。很多人這樣做都出於相同的目的,一個很美好的願望,那就是得到他人的尊重和認同,他們害怕自己的特立獨行會引起眾人的反感,受到別人的排擠,所以慢慢學

會了犧牲自己來迎合他人,以博取他人的尊重。然而,你是否贏得了自己的尊重呢?

你會認真聆聽他人的見解,尊重他人的立場,卻無暇顧及自己內心真實的感受,偶爾理想與現實的碰撞迸發出美麗的火花,卻總是被自己有意無意的疏忽無情熄滅。如果我們的眼睛只能看到別人,我們的思想也習慣了忽視自己,彷彿每天做單向的直線運動一樣。

我們要對自己的生命感恩,學會尊重他人的同時也尊重自己。生命本身沒有高低貴賤之分,無論貧窮富貴,生命面對的都是同樣的處境,關鍵是如何讓時間過得有意義。如果我們不尊重自己的生命,那我們就自動取消了生命的意義。

人性應該抵達的境界

失去他人的信任會帶來永生的懲罰

　　人從來都不是孤立的，從出生那一刻起，我們就在不斷地走進各種大大小小的圈子。小時候的圈子是家人，長大後圈子也逐漸變大、變多。學校的同學、公司的同事、氣味相投的朋友，還有很多交情普通，但總會在不經意間出現的泛泛之交。我們就在千絲萬縷的關係網中發掘出自己的多面人格：在父母身邊，撒嬌任性；與朋友相處，侃侃而談、暢所欲言；在同事面前，則一派嚴肅認真。

　　生活是多面的，正是多面的生活塑造了立體的人格。這是一個自然而然的過程，是刻意的偽裝所不能達到的。然而，性格的多面不代表性格的善變，無論此時此刻在你面前的人是誰，有一點是亙古不變的，那就是真誠相待。唯有真誠待人，才能獲得別人的坦誠相待。人一旦被自己的團體視為虛偽、不道德，那麼這個人將會用一生的時間品嘗自己種下的苦果。

　　有什麼比失去親人朋友的信任更痛苦的呢？尤其他們恰恰是你最信任的人。在「狼來了」的故事裡，那個小男孩由於玩弄別人的信任，最終失信於人，在真正的危險來臨之時，孤立無援，把自己逼向了絕境。小男孩的處境是一個絕佳的

隱喻，人與人之間的信任終歸是脆弱的，經不起一而再、再而三的背叛。更糟糕的是，一旦別人收回對你的信任，你將沒有辦法挽回。你有了抹不掉的不良紀錄，就印在你的腦袋上，赫然醒目，所有看見你的人都不禁皺起眉頭，連聲惋惜。

被自己的團體視為不道德，最直接的懲罰就是從此無視你的存在，有意無意地遠離你。想起以前你們還曾一起分享各自的祕密，你還幫他在危難關頭想辦法，這些如今都已經成為你的一廂情願了。

這種懲罰無論多麼嚴厲，終究是合情合理，也是沒有理由拒絕承受的。然而，道德是很微妙的東西。對道德的獎勵總是微乎其微，對不道德的懲罰，人們卻不惜力氣、變本加厲。在他們眼中，偶然的不道德被放大成為一種人格缺陷，稍不留心你就被貼上了永不過期的不道德標籤。從此，那些原本和你沒有任何關係的罪責都跟你有了說不清、道不明的關係。

一個極端的例子是《卡拉馬助夫兄弟們》(*The Brothers Karamazov*)中的大哥德米特里，在周圍人的眼中，他就是放蕩無恥的代言人。人們總是以最壞的惡意來推測他，甚至是他的兄弟伊萬。老卡拉馬助夫的突然死亡，本來跟他沒有任何直接的關係，但是在事情發生的第一時間，幾乎所有的矛

人性應該抵達的境界

頭都指向了德米特里。眾口鑠金，每個人都不知道案情的真相，但每個人都說得斬釘截鐵，彷彿親眼所見。這時候，我們幾乎要同情德米特里，想到這個人對格魯申卡的瘋狂無私的愛，想到他真誠的懺悔，縱使他有萬般不好，這個結局是我們不希望看到的。然而，德米特里的遭遇是他自己一手造成的。他的悲劇一直在他的放浪形骸中無聲醞釀著，他對此一無所知，直到被團體的輿論吞沒。

我們暫且不說是什麼導致了德米特里遭到如此之大的懲罰，但這種懲罰顯然是沒有意義的，甚至是荒謬的。

世界上總有很多荒謬的事情我們無法預料也無法控制，但是我們完全有能力讓自己遠離荒謬作祟的地方，而德米特里的愚蠢就在於總是將自己置於危險的邊緣，在懸崖上舞蹈。

生活的意義源於靈魂的碰撞

真正熱愛生活的人不是盲目樂觀之人，也不是及時行樂之人，而是勤於思考之人，勇於懷疑之人。磨刀不誤砍柴工，唯有釐清生活的意義，鎖定前方的道路，我們才能大步追趕心中不滅的明燈。

那麼，生活的意義在哪裡呢？這是每一個熱愛生活的人必須考慮也無法避免的問題。對此，每個人心中都有自己的答案。很可能你的答案此時與我的有著天壤之別，我們很難也完全沒有必要在這個問題上達成一致，因為生活本身是一座永不枯竭又豐富多姿的富礦，沒有必要蜂擁而上。明智的人會自己另闢蹊徑，去尋找屬於自己的寶石，追求自身的意義。

生活的意義對於每個人來說都不同，共同之處就在於所有的生活都有一個最初意義開始的地方，那就是一個人作為一個整體第一次與他人、與整個世界站在一起的時候。

走進生活意味著時時刻刻與他人互動，一個人可以生存，但那不是生活。生活的所有意義都在於我們能看和被看，能感知和被感知。總之一句話，只有在與他人的對話中，在與世界的互動中，我們才能深刻體會到自己的存在，思考自己的生命。

人性應該抵達的境界

魯賓遜（Robinson）在荒島上的歲月是一種可怕的處境。對於出生在正常社會的人來說，即使沒有自然環境的險惡，沒有飢寒交迫的威脅，巨大的孤獨就足以將人壓垮。語言在這裡失去了意義，你的悲苦和喜樂，無聲的樹木和咆哮的大海都無法與你分享。你活或者不活，都沒有本質的區別，因為沒有人對你要求什麼，你再也無法體會到被別人需要的感覺。

魯賓遜以行動派的精明和開拓者的勇氣，成功地讓自己得以存活，但我們不禁會想，假如沒有了星期五（Friday），沒有了那些食肉的野蠻人，假如他知道自己的一生都將與眼前這個荒島為伴，潮起潮落，朝朝暮暮，看不到任何被拯救的希望，那麼他還有勇氣活下去嗎？活下來的意義又在哪裡呢？

我們應該慶幸，至少我們身邊的人是可以思考、能夠與之交流的生物。儘管有些人不是那麼可愛，但是相比於一塊石頭和一截木頭，他們更能為我們的生活帶來多彩的意義。

走進生活，我們在與別人的關係中找到自己的定位：你是孩子的父親，同時又是父親的孩子；你身為上級，同時又是上級的下級；你是朋友的朋友，同時也是敵人的敵人；你是接受者，同時也是施予者；你擁有別人沒有的幸福，你也承受著別人沒有的痛苦……在錯綜複雜的關係網中，我們逐

生活的意義源於靈魂的碰撞

漸找到了自己的座標,世界上唯一的一個點。

沙特說,他人即地獄,但是沒有了他人,你就生活在地獄之中。當初,上帝為亞當造了夏娃,也是出於同樣的目的。亞當的伊甸園比魯賓遜的荒島要明媚得多,是人間的天堂,但對亞當來說,沒有人分享的天堂跟地獄又有什麼區別呢?

生活的意義在於感知,感知他人同時被他人所感知,這種雙向的感知只能在人與人之間發生。作為能夠思考的人類,使我們躁動不安的是那躍躍欲試的靈魂,它渴望找到最終的歸宿。這個歸宿不是豪華的別墅,不是世界上的某一個地方,它甚至不是一個具體的方位。靈魂只有在另一個息息相通的靈魂中才能得到安寧,才能碰撞出有意義的火花,所以我們的一生都在尋找這樣一個美麗而又躁動不安的靈魂。

人與人的交往,最終是靈魂與靈魂的交鋒。在你的生命中,有些人注定是過客,有些人卻會伴隨你一生。正是在與形形色色的人的交往中,我們知道了什麼是重要的,什麼是值得珍惜的,以及什麼是沒有必要堅持的。

也許生活的意義就在於,在與人的交往中,靈魂得到了成長。

人性應該抵達的境界

發掘
內心的良知

發掘內心的良知

種樹培根，種德養心

「種樹者必培其根，種德者必養其心。」王陽明的這句話與重視培養心性的儒家思想一脈相承，而所謂的內聖外王，大致就是這個意思。

儒家傳統思想講究的是人的內在修養，從根本上塑造獨立的君子人格。在君子人格的主導下，繼而發展出自成體系的處世原則和行為規範。春來草自青，有了高境界的內在修養，所有外化的行為都會自然而然地具有高尚的情趣。

心靈高尚的人是幸福的，他所做出的一切美好的事情都出自本人真誠的意願，絲毫沒有強迫的成分，也不帶有功利的目的。他不做枝微末節的修補潤飾工作，他做的事情自有一種渾然天成的超脫。他把自己的根深植於大地，任憑風吹雨打，始終挺立在藍天之下。

阿基里斯有著年輕人特有的魯莽，意氣用事，沒有大局意識。然而，這只是表面現象，阿基里斯所有的魯莽和任性都源於他從生到死矢志不渝的信念，那就是追求至高無上的榮譽。榮譽是他評判一切事物的標準，所有與此價值標準相違背的東西，對他來說都是沒有意義的。從這個角度來看，阿基里斯的憤怒就有了充分的理由。他的憤怒遠非一時的年

輕氣盛，爭風吃醋，而是榮譽被踐踏玷汙後的極大憤怒。

阿基里斯因為戰場上的出色表現，得到了戰利品——女俘布里塞伊斯（Briseis）。在阿基里斯看來，這是自己應得的榮譽，是自己用鮮血和生命換來的，象徵著自己的威嚴，神聖不可侵犯。然而，阿加曼農不由分說把女俘扔進了自己的帳篷，無疑侵犯到了阿基里斯視為生命的榮譽。阿基里斯之所以隨希臘聯軍來到特洛伊，不是為了金銀財寶，也不是為了報復王子帕里斯，他只有一個高尚的目的，那就是獲得不朽的名譽。母親忒提斯已經預言到阿基里斯將會在戰場上失去生命，但阿基里斯毅然決定留下，以死換取後世的敬仰，而不願返回家鄉，默默無聞地孤老終生。

榮譽對阿基里斯而言是比生命更重要的東西，生命易朽，而榮譽永存。因此當阿加曼農在不知情的情況下踐踏了阿基里斯的榮譽，阿基里斯不可能忍氣吞聲，上場協同作戰，作戰的目的本身就是為了榮譽。

榮譽就是阿基里斯的根，他所有的行為也因此帶上了高尚的格調。抱著這樣的觀念，阿基里斯注定成為最耀眼的英雄，其他卑劣的意圖永遠不會在阿基里斯身上找到立足之地，除非拔掉榮譽的根，而這個時候只能是阿基里斯生命終止的時候。阿基里斯是幸運的，他找到了自己的歸宿，在戰場上揮灑汗水和激情，為榮譽而戰鬥，那些被後世傳頌的功

發掘內心的良知

績是阿基里斯生命的自然生長，不是他強加給自己的責任。榮譽之根成就了阿基里斯傳奇的一生，讓世界記住了這個年輕的生命。

沒有堅定信念的人的一生是可悲的。他的一生都在搖擺，他是一個空心人，在各種誘惑之間痛苦掙扎，但始終決定不了自己的方向。他想成為一個好人，但這種願望由於不是從根底生發出來的東西，只能像曇花一樣一閃即逝，一點點的風吹雨打就能夠讓它夭折。他無法從成為好人這件事本身獲得樂趣，他需要外界的回報，需要整個世界記住他曾經做過的每一次犧牲，他需要的是感恩戴德，是鮮花和眼淚。當自己不幸被遺忘時，熱情也就消失了。

避免這種悲劇發生的最好的辦法就是心中有不變的信念，信念是我們行動的不竭動力。外界的紛紛擾擾不會對我們產生干擾，因為我們清楚地知道那不是支持我們一直走下去的那股力量，我們的力量來自於自身，來自於自己的根。

拒絕謊言，誠實面對一切

語言是我們所能想到的迄今為止人類最偉大的發明。最初，人類生活在無聲的世界中，彼此之間溝通交流的手段極其有限，只能仰賴張牙舞爪的動作和咿咿啞啞的聲音。與動物不同的是，吃飽喝足後，我們不滿足於以吼叫來發洩多餘的能量，我們渴望用有效的溝通來打破自己孤獨的生存狀態，在遼闊的大地上聽到自己的回聲。

於是，語言拯救了人類。語言像一條無形的紐帶，將孤立的個體連結成集體。從此人類所有的恐懼、興奮、憂傷、快樂都有了具體的物質形態，可以隨時隨地與集體分享，生命的不可承受之重，在集體的參與下變得不再沉鬱。人類擁有了解他人、了解世界最可靠的管道，只要有口有耳，我們就能在自己和整個世界之間自由遊走。

馬丁・海德格（Martin Heidegger）說語言是存在的寓所，它讓我們游離的生命找到了安身之處。然而，不知從何時開始，語言這所面朝大海的房子被謊言弄得烏煙瘴氣。我們常常在回家的路上迷失，再也看不清鄰居家裊裊升起的炊煙。謊言在這條路上為虎作倀，想要自由地進入他人的世界、用心交流成了一種奢望。

發掘內心的良知

　　謊言是一條禁令，是一種拒絕的姿態，它將你拒於千里之外，或者讓你在行走的道路上南轅北轍。然而，今天的我們已經習慣了謊言，反而是赤裸裸的事實總會讓我們感到不適。當最後謊言被層層揭穿時，我們才明白複雜的事情歸根究柢都有一個最簡單的事實，簡單到比謊言更不可信。

　　不過，事實之所以是事實，是因為它不需要任何偽裝和掩飾。水落石出之時，所有的偽飾終究會凋落，而事實卻注定萬古長青，就像亞伯拉罕・林肯說的那句話：你可以騙一些人一輩子，可以騙所有人一陣子，但是你不能騙所有人一輩子。

　　說謊的人在本質上都是膽小的人。他們在問題面前不是勇敢地去面對既成事實，積極尋找出路，而是無一例外地選擇了逃避。他們用謊言築成一個堡壘，自己躲在堡壘裡自欺欺人。不幸的是，謊言的堡壘經不起烈火的焚燒，風雨的洗禮，在鐵的事實面前它顯得那麼不堪一擊。蹉跎了這麼久，轉了一個圈，我們重新又站在了原點，該面對的終究還是要面對。

　　最初，伊阿宋（Jason）答應迎娶美狄亞（Medea）並非出自真心，他對美狄亞撒了謊，為了得到珍貴的金羊毛，伊阿宋出賣了自己的愛情。然而，接下來的婚姻生活也未能讓伊阿宋如願以償地愛上美狄亞，他們之間隔著一個無法踰越的

世界：一個是古希臘燦爛文明的寵兒，一個是野蠻國度中懵懵懂懂的野人；一個憑藉的是高度的理性思想，一個只憑藉自己的欲望行事。

這場以謊言開場的悲劇，最終也以伊阿宋的謊言結束。為了讓美狄亞心甘情願離開，伊阿宋又編織了另外一個將他置於絕境的謊言，他把自己的一己之私說成是為了孩子的未來。

美狄亞在希臘人的謊言面前終於爆發，在巨大的痛苦中親手結束了自己孩子的生命，讓伊阿宋的謊言暴露在陽光下。

伊阿宋的悲劇就在於他自以為聰明，將謊言當作一種解決問題的工具。然而，謊言正是所有問題的開始，一個謊言的產生意味著下一個謊言的登場，為了圓謊，無休止地進行著惡性循環，到最後自己都分不清到底什麼是真相，什麼是謊言。

誠實是最好的解決辦法，因為我們直逼問題的核心，沒有繞路，沒有騙自己。暫時的痛苦和絕望也許難以避免，但痛苦過後可以踏實地繼續自己的人生。

人生本來很簡單，是謊言為生活帶上了撲朔迷離的假面具。更可悲的是，層層的假面具掩蓋混淆了最初的事實，剝奪了我們知道真相的權利。

拒絕謊言，就是解放自己，還原世界的單純。

發掘內心的良知

報復別人，傷害自己最深

聖人言，以德報怨。這是一種理想狀態，或許也只有聖人能做到。其實，更多時候，人們奉行的是「以彼之道，還施彼身」、「有冤報冤，有仇報仇」。逆來順受，畏首畏尾，畢竟不是英雄好漢所為。儘管你在角落裡自顧自憐、自怨自艾、舔舐身上累累的傷口，人們最多只會哀其不幸，怒其不爭。江湖上的快意恩仇、爾虞我詐才是生存的王道，對於打擊你的人，最正當的防衛就是報復。這樣才不窩囊，才有尊嚴。

常常聽到人們理直氣壯地喊：我要報復！氣勢如虹，驚天動地，彷彿要從事的是一項功在當世、利在千秋的偉大事業。這時候，旁邊的人必定會加油添醋、摩拳擦掌，表示願意為其兩肋插刀、赴湯蹈火。這種人若不是太無聊，就是太卑鄙。

報復終究不是多麼光鮮亮麗的事情，稍微冷靜下來，我們就會知道自己剛才的決定是多麼愚蠢。

報復是一劑毒藥，毒害他人，同時也強勢侵入自己的五臟六腑。

被報復的火焰點燃，焚毀的只能是自己。

報復別人，傷害自己最深

厄勒克特拉（Electra）念念不忘當初母親是怎樣殘忍地用斧頭殺死了父親阿加曼農，她幼小的心靈早早就埋下了仇恨的種子，她處心積慮，等待時機，一直想讓狠毒的母親為自己的暴行付出代價。

當弟弟俄瑞斯忒斯（Orestes）長成翩翩少年，回到家鄉，厄勒克特拉終於如願以償地展開了自己的報復計劃。然而，當看到母親倒在血泊之中，報復的快感並沒有如期而至，心中反而充滿了難以言喻的感受。

厄勒克特拉本該像其他女孩子一樣有一個單純美麗的童年，無憂無慮地成長，自由自在地嬉戲，任性地在母親懷裡撒嬌，將自己打扮得花枝招展，然後嫁給一個貴族，為他生兒育女，成為一個妻子，一個母親。

然而，仇恨占據了她所有的視線，她再也看不到生活裡的陽光，固執地作繭自縛，活在無邊的陰暗中。報復的念頭剝奪了她作為一個普通人的所有快樂，更具有悲劇意味的是，在完成報復之後，厄勒克特拉並沒有得到她期盼已久的解脫，反而陷入了深深的懺悔中。

報復是對自己的自暴自棄。自動放棄原本安逸的生活，卻把所有的注意力完全放在一個並不值得你關注的人身上，讓這個人肆無忌憚地掌控你的生命，吞噬你的快樂。這麼愚蠢的事情有什麼值得為之樂此不疲呢？我們到底是在報復他人，還是在報復自己？

發掘內心的良知

　　如果報復是一件不得不做的事情，我們寧願以另一種更加智慧的方式來實施報復。何不放下仇恨，繼續自己精采的人生，努力讓自己變得更好、更堅強，成為生活的強者。當我們以這樣的姿態出現在當初傷害過自己的人面前，不用任何的表情和動作，我們已經悄無聲息地實現了自己的報復。他們當初的險惡用心沒有得逞，他們的傷害無法阻止我們成為比他更優秀的人，這樣的報復或許更光明正大，更能達到報復的目的。

　　然而，也許當這個時刻來臨的時候，我們想到的將不再是狹隘的報復，而是真誠的感謝。正是他們當年的傷害，成就了今天的自己。相逢一笑泯恩仇，生活還要繼續，放下心中的仇恨，才能在漫漫人生路上走得更加輕鬆。

智慧需要美德的支撐

美德讓人喜愛，智慧讓人敬佩。對於美德有時候我們可以視而不見，而智慧卻不能被偏見遮蔽。在現實中，美德可能會走投無路，但智慧始終左右逢源。美德如流水般柔軟細膩，智慧似刀劍鋒芒畢露。美德需要條件，智慧無條件成立。

然而，存在著這樣一個讓人欣慰的悖謬：智慧離開了美德，就成了最無可救藥的愚蠢。

真正的智慧，在其種種強勢的背後，首先需要有一個承載其意義的語境，並不是所有聰明的念頭和行動都可以被冠以智慧二字。這個語境就是美德的觀照，若拋開美德，空談智慧，是對智慧這一概念的錯誤理解。

美狄亞或許是希臘神話中唯一一個能與奧德修斯比智慧的女人。她精通各種法術，善用各種草藥，並且還有通神的能力。在遙遠的東方柯爾喀斯國，高貴冷豔的美狄亞，這個野蠻國度的公主，以其無可匹敵的智慧得到舉國上下的尊敬。愛神阿芙蘿黛蒂（Aphrodite）適時在美狄亞的心中播下了愛情的種子，讓美狄亞瞬間迷失在對伊阿宋的狂戀中。面前的這個男人，英俊魁梧，卻與美狄亞無關。伊阿宋不遠萬里來到柯爾喀斯，一心為了傳說中的金羊毛，對於美狄亞他一

無所知。愛情的火焰將美狄亞的理智焚燒成灰燼,她不顧一切背叛了養育自己的這片土地,將自己奉獻給一個遙遠的陌生人。

接下來,美狄亞所做的事情讓所有人怵目驚心,她暗中幫助伊阿宋打敗了地裡長出來的戰士,跟著伊阿宋乘船返回希臘,殺死了前來追趕的弟弟,將其屍骨切成小段撒向大海,以此來拖延父親的時間。美狄亞如願以償地嫁給了伊阿宋,並且為他生兒育女。然而,當伊阿宋為了自己的前途偷偷與科任托斯國的公主訂下婚約,智慧的美狄亞再次被邪惡的力量控制。為了報復伊阿宋,美狄亞殺死了公主,為了讓他永遠活在痛苦和悔恨中,這個可怕的女人用匕首刺死了自己的孩子,坐上龍車飛向雅典。

美狄亞的智慧曾經為自己的國家帶來了希望和快樂,但當她被邪惡和妒忌所控制,她的智慧也就成為助長錯誤的凶手,成為反對智慧本身的異己力量。我們很難想像一個人要瘋狂和愚蠢到什麼程度,才能狠心殺死自己至親手足和孩子。失去理智的美狄亞,出賣了上天給自己的智慧,也受到了濫用智慧的懲罰。

也許,智慧從來就不是可以單獨成立的特質,智慧也需要有提供營養的土壤,有自由行使主權的範圍。如果離開了這個範圍,智慧就不再是照耀人性的光輝,而這個土壤和範圍就是正直和美德。智慧的人僅僅把智慧用於正直的行動,

當他風雨兼程走到生命的最後，才能無悔曾經生而為人，質本潔來還潔去，守護了人的驕傲和尊嚴。

將智慧用在投機取巧的事情上，是白痴的行為。可以想像，在他們一開始做出這個世間最愚蠢的決定時，智慧肯定在沉睡中還沒有甦醒。真正有智慧的人，絕對不會允許自己白白浪費寶貴的智慧，尤其是浪費在如此低趣味、沒有價值的事情上。被汙染的智慧跟所有邪惡一樣，沒有任何程度上的差別，唯一的差別就是，你的智慧越高，你的罪惡也就越深重。

如同大力士海克力斯，他在人生的十字路口第一次面臨艱難的抉擇：是追隨象徵高尚的白衣女人，還是投向邪惡的黑衣女人的懷抱，而他的選擇足以顯示他的智慧。雖然黑衣女人提出的榮華富貴、錦衣玉食差點讓他動搖，但他選擇跟著白衣女人繼續自己的人生之旅，儘管這條路充滿了艱辛和痛苦。智慧的海克力斯知道，只有在這條路上，心靈才能得到永恆的安寧。

發掘內心的良知

善良不能沒有底線

與人為善是人際交往的準則和法寶,能夠真誠地為別人著想的人,人緣不會太差。

人同此心,心同此理,每一個真心為他人考慮的人都希望能得到對方的理解和包容。這原本無可厚非,但不知從何時開始,與人為善變成了與人為「和」,善良與和氣之間被畫上了等號。彷彿善良的全部內涵就是,其樂融融、一派和諧的團圓景象。

善良被做如此注釋,反映了人類內心深處的自卑和懦弱。與害怕被矇蔽相比,我們更害怕自己被否定。來自外界的否定,無論是善意的還是惡意的,都會讓人感到深深的厭惡,因為這種否定讓我們對自身產生懷疑,對存在產生恐慌。

否定和肯定不一樣,肯定一個人做了某件事,僅僅是具體針對這件事而言,沒有更深層次的潛臺詞;而否定一個人做了某件事,就沒有那麼簡單了,它通常影射到一個人的整體人格,涉及幕後那個支撐所有語言和行為的龐大價值體系。而人的價值體系、處事原則是其所有經驗的整合,這個過程從人有記憶的那一刻起就開始了,人的一生都在不斷地充實和完善這個體系。歷經磨難、苦心經營的這一切,就是

善良不能沒有底線

人之所以成為「這一個人」所憑藉的東西。一旦這種價值體系受到質疑，其打擊無疑是毀滅性的，它在向你暗示，你這麼多年來經歷的一切都是錯誤的。

堅強的人無所畏懼，面對自己的困境，坦承自己的失敗，趁著還不是太晚，瀟灑地從頭來過；而大多數人都是懦弱的，他們無論如何也無法接受這一個事實，他們據理力爭，即使自己也隱約意識到了問題所在，還是要忍氣吞聲，硬著頭皮走到底。對他們來說，善良的人是不否定的人，是能包容一切錯誤和荒謬的人。不幸的是，生活中充滿了不否定的人。

日本電影《令人討厭的松子的一生》中的松子就是一個善良的人，看過這部電影的人都會對松子的遭遇寄予無限同情，悲嘆世界之大，竟沒有善良之人的容身之地。然而，換個角度來看，松子的故事也是一個善良造就罪惡的故事。正是她的善良導致了她一生的不幸，助長了身邊的罪惡。

松子是一個不會說「不」的人，一個放棄自我的人，所有壓在自己身上的不公平她都默默承受下來。小時候，爸爸偏愛妹妹，無視松子的存在，松子卻想盡辦法讓爸爸開心；當了老師，為了保護班上一個偷了錢的男孩，她把罪名攬在自己身上，最終被學校開除；在跟作家在一起的日子，她拚命賺錢來養活作家的靈感，甚至最後作家臥軌自殺，松子也覺得是自己的罪過。

發掘內心的良知

　　她成全每一個跟她在一起的男人，不在乎他們是平凡的理髮師，還是殺人越貨的小混混。她要的幸福十分簡單，只要有一個人願意跟她在一起，對於男人的辱罵和每天必須承受的擔心受怕，她從不要求改變，她甚至有些病態地從中感到幸福。甚至，當男人棄她而去的時候，她也只是默默地祝福對方。

　　松子的善良最終將自己推向無底的深淵。她或許不明白為什麼善良沒有讓自己幸福地活著，或許永遠不會知道正是她的善良招致了所有的痛苦，也正是她的善良助長了朝向自己的罪惡。她不會給身邊任何人忠告，永遠對罪惡網開一面，她包容一切罪惡和不公，而最終結局只能是自己跟身邊的人一同毀滅。

　　其實，松子不是一個善良的人，她只是一個被罪惡利用的弱者。生活中有很多像松子這樣的人，他們笑著面對荒謬，無聲地認同墮落。他們和和氣氣，和顏悅色，但他們最終是有害的，對自己也對別人。

　　如果我們真的要找善良的人，他們更可能是那些曾經忍心傷害你的人，曾經冒著失去你的危險阻止過你的人，而不可能是那些認為你很完美的人。

盲目服從是一種奴性

大人誇獎孩子的時候，最常聽到的一句話就是：這個孩子真乖、真聽話。於是，在潛移默化的鼓勵之下，孩子理所當然地認為聽話是一種美德。所以好孩子聽話，因為他真心想要做一個好孩子；壞孩子有時候也聽話，因為他想要糖果。至於這些話該不該聽，卻從來沒有人告訴孩子應該如何辨別。

長大之後，也是一樣，服從是一種美德。學生要聽老師的話，員工要聽老闆的話，下級要聽上級的話，沒有能力的要聽有能力的話，沒有權力的要聽有權力的話。似乎重要的只是「服從」，而具體服從的是什麼，反而無關緊要。

不可否認，「服從」是一種美德，但盲目的服從只是奴隸的美德。那些能夠把名字寫進歷史的人，大部分是因為反抗不公而被人們吟誦至今，鮮有人因為服從而被人頂禮膜拜。

在希臘神話中，眾神之王宙斯有著無上的法術和權力，所有的奧林匹斯神都對其心存敬畏。宙斯害怕人類文明的發展會威脅到神的地位，因此拒絕賜給人類火種。所有神對此都採取服從的態度，唯有普羅米修斯不甘心成為暴政的奴隸。

作為人類的老師，他對人類的苦難懷有真誠的憐憫，他知道宙斯的一己之私對人類來說意味著最殘酷的懲罰和不

發掘內心的良知

公。他甘冒天下之大不韙盜取火種，作為最珍貴的禮物送給人類。他當然知道自己接下來將會面臨怎樣的腥風血雨，但因為他沒有盲目服從，沒有屈從暴力，他可以理直氣壯地說：「為人類造福，有什麼錯！我可以忍受各種痛苦，但絕對不會承認錯誤，更不會歸還火種！」

作為懲罰，宙斯用鎖鏈將普羅米修斯鎖在高加索山的懸崖上，每天不僅要忍受狂風暴雨的摧殘，還要忍受鷲鷹無休止的啄食。巨大的痛苦沒有磨去普羅米修斯的鐵骨傲氣，反而為他贏得了眾神的尊重和敬佩。

最終，大力士海克力斯放了普羅米修斯，讓他重獲自由。從此之後，普羅米修斯成了希臘神話中最受人類尊敬的大神。

其實，普羅米修斯並非是為反抗而反抗，他也曾經服從，當服從真的是一種美德的時候。然而，當反抗成為一種義務——人類文明的進步要求他必須去冒險，這種美德就會黯然失色，微不足道。義務是我們必須要做出的犧牲，而美德是我們完成義務之後才有資格擁有的東西。

慶幸的是，我們今天當然不必為真理付出如此大的代價。我們面臨的問題比普羅米修斯要單純得多，也容易得多。我們需要做的就是，當所有人都盲目服從的時候，我們仍然能夠堅持自己的立場，不同流合汙，不助長錯誤，不做服從的奴隸。

盲目服從是一種奴性

　　盲目的服從是奴隸的美德，甚至是一個不合格的奴隸的美德，可能會帶來一時的風平浪靜，甚至平步青雲，但更可能的情況是將你推向徹底的平庸，磨掉你的所有稜角和鋒芒，讓你成為逆來順受的牆頭草，最終丟掉真實的自我，變成一個連自己都不認識的陌生人，一個徹底的奴隸。

　　張愛玲說過，世界上的好人比真人多。有時候，盲目的服從確實不具目的性，不求功名利祿，而只是簡簡單單想要做一個好人。但是，好人不是用你的服從帶給別人廉價的安慰，滿足別人所逞的一時之快。好人是彰顯被謊言和假象矇蔽的事實，是在別人走向錯誤之前給他一記響亮的耳光，好人就是當一個真人。

發掘內心的良知

戰勝自卑

憂鬱是靈魂成長的基礎

在羅馬神話中,農神薩圖恩(Saturn)曾統御人類歷史上的黃金時代,是過往歲月的守護神。每當人們懷念「過去的美好時光」時,都會想起這位神。因為懷念只會令人陷入思念的痛苦,所以薩圖恩被認為是憂鬱的象徵。憂鬱的人被認為是受到薩圖恩的影響,而長期處於憂鬱情緒中的人,則被稱為「薩圖恩之子」。

憂鬱帶來的空虛感是痛苦的,我們總是想方設法擺脫這種痛苦。然而,若能換個角度,了解憂鬱的情緒和邏輯,就可以獲得更高層次的滿足。有些人認為,憂鬱就是沒有想法、沒有依靠的空虛狀態,是我們所熟悉的事物和生活結構的崩潰,是樂觀主義的喪失。憂鬱讓我們擔心,這樣的狀態是否永遠不會結束,生活是否永遠失去激情和樂趣了。

憂鬱時常具有一種離心力,驅使人們遠離人群。在憂鬱時,我們能從日常瑣事中抽身出來,回到自己身上。這時候,我們通常會躲在某個偏僻的、陰暗的、太陽照不到的地方獨處,靜下心來反思。有時候,我們需要這樣的獨處。獨處時,我們獨自面對自己,與心靈對話。這時,你就可以有效率地整理自己的心靈,一切嚴格意義上的靈魂生活都在此過程中展開,而憂鬱提供靈魂成長的必要空間。

憂鬱是靈魂成長的基礎

憂鬱餽贈給我們的禮物是「歷練」，這並不是實際經驗的累積，而是一種看待自己的態度。經過某件事情的歷練之後，覺得自己又長大了一點、更聰明一點，同時也提高了自己承受苦難的能力。於是，我們逐漸明白，生命意味著苦難，而心態則能改變人生。有時候，我們雖然不能享受無憂無慮、輕鬆愉快的生活，但對人生的理解會變得越來越豁達。

憂鬱並不僅僅讓我們懷念過去的美好時光，它還提醒我們，生命仍在繼續——我們一天天變老，變得越來越有經驗，甚至越來越睿智。即使是三十多歲的人，也會在跟別人談話的時候，突然回想起二十年前的自己。他會停下來，驚訝地想：「要是在二十年前，我絕不可能說出這樣的話！看來我是真的老了。」年齡的增加和經驗的累積，都是憂鬱的餽贈。曾經年輕的心靈，隨著年齡增加，獲得了新的、正面的能力與特質。如果我們否定年老的意義，一味緬懷年輕時光，心靈就會迷失方向。

越是追求「青春永駐」的人，到頭來越會陷入嚴重的憂鬱之中。憂鬱讓心靈自然老去，正如風霜雨雪讓建築物自然老化一樣。它讓我們的思想變得更加深邃，讓漫長生命中的經歷沉澱下來，變成我們本性的一部分。

如果我們能夠做到不把「憂鬱」當成一個消極的詞語，或許就能理解和接受它在心靈活動中的作用。我們何不把憂鬱

當作心靈的一種存在形式，既不好也不壞，只是心靈的一種自發活動，就像行星繞著太陽運轉一樣呢？

隨著年齡增加，我們的個性會逐漸顯露出來，散發出人格的芬芳，正如果實生長成熟一樣。憂鬱、個性、年齡增加，三者是不可分割的──年齡增加帶來的悲傷是個性形成過程的一部分；憂鬱的思緒會營造出足夠的空間，讓智慧在其中安頓下來。

對心靈來說，憂鬱是一種入門儀式，一次成年禮。憂鬱並不意味著想像力的缺失，它造成的空虛，乃是思緒和情感的溫床。憂鬱是心靈的一個層面，如果我們承認它，把它引入我們的感情關係中，就可以讓親密的程度更深一層。如果我們對它遮遮掩掩，或者試圖否定它、逃避它，那我們表現出來的就不可能是真實而完整的自己。

掩飾心靈的陰暗面，最終只會導致心靈的淪喪；只有承認和接納它們，我們才能享受純粹的群體生活和親密關係。

貪婪是難以填滿的無底洞

有一天，朋友送給德尼・狄德羅（Denis Diderot）一件質地精良、做工考究的睡袍，狄德羅非常喜歡。可是他穿著華貴的睡袍在書房走來走去時，總覺得家具不是破舊不堪，就是風格不對。於是，為了與睡袍配套，他將舊的東西先後更新，終於讓書房跟上了睡袍的等級。這時，狄德羅卻覺得更不舒服了，因為他發現「自己居然被一件睡袍脅迫了」！他把這種感覺寫成一篇文章，名為〈與舊睡袍別離之後的煩惱〉（*Regrets sur ma vieille robe de chambre*）。

一件精美的睡袍，居然牽出無盡的欲望和煩惱，像魔鬼一樣脅迫著人去做許多不合宜的蠢事。這就是常見的「愈得到愈不滿足效應」：在沒有得到某種東西時，心理尚平穩，而一旦得到了，心就開始不安穩，它成為一個出發點，隨後引來逐漸擴大的一系列不滿足，被迫貪求更多的東西。

超越正常需要之外的欲望即是貪婪，貪得無厭的人無時無刻不在為自己的利益四處奔波，他們的胸中燃燒著榮華富貴、性慾情愛等熾盛欲火。這時候，滿足就像一個總是躲藏起來的美麗夢想，很少能見到它的身影。

例如，某些人本來在舊房子裡住得很安穩，沒有更多的奢求；後來有了一間新住宅，為了配得上它的等級，不免大

肆裝修一番；豪華裝修之後，又要配齊高級家具；出入這樣的住宅，顯然不能再破衣爛衫，必定要有名貴服裝與之協調。人就這樣貪婪下去，最後甚至會覺得自己的配偶不體面，逐漸走上了離婚的道路……

實際上，人為維持生存和健康所需要的物品並不多，超乎於此的便屬於奢侈品。奢侈品固然能夠為人們提供快樂，但若強求更多，反而成了一種沉重的負擔。

對於那些非必需的東西，儘量不要去接受。因為你若接受了一樣，那麼外界和內心的壓力會使你不斷地索求更多非必需的東西，最後受苦的只會是你自己。

「一切美好的事物都是為了使用，而且屬於所有的需求者」，這是蘇格拉底最喜歡的一句格言。蘇格拉底房屋裡的家具從來都是只有必需的幾件。有一次，蘇格拉底的妻子抱怨他不讓她買長柄燉鍋，可是蘇格拉底認為即便買來也沒有什麼用。

如果靜下心來想一想，我們便會發現，人的肉體需求被它的生理構造所決定，而一個人的肉體需求是有極限的，無非就是食色、溫飽、健康之類。多麼熱愛美食的人，他的朵頤之快也必須有間歇，否則就會引起消化不良；多麼勤奮的登徒子，他的床笫之樂也必須有節制，否則就會腎虛甚至喪失生命。山珍海味，揮金如土，只是為了炫耀財富；藏嬌納

貪婪是難以填滿的無底洞

妾，美女如雲，只是為了貪圖虛榮；萬貫家財帶來的最大快樂並非直接的物質享受，而是守財奴清點財產時的竊喜，敗家子揮霍財產時的暢快。凡此種種，都已經超出生理滿足的範圍，最多是尋求一種心理滿足罷了。

人只要肯約束自己的貪欲，滿足於過比較平常、簡單的生活，就可以把這些減少到最低限度。遠離這些麻煩的「交際」和「成功」，實在談不上是什麼損失，反而會受益無窮，我們也因此獲得了愉快的心情。而且，我們可以把全部的精力都奉獻給自己真正喜歡的人，真正感興趣的事。滿足於過平常、簡單生活的人，生命的疆域是無限廣闊的。

由此看來，那些非必需的、實際沒用的、可有可無的東西，就沒有必要起貪念，也沒有必要跟別人比、跟著別人走。內心的安穩與幸福，就是這樣形成的，我們所需要的東西越少，幸福的感受就會越多。

其實，當我們為奢侈的生活而疲於奔波的時候，幸福的生活已經離我們越來越遠了。幸福的生活很簡單，例如最好的房間就是必需的物品一個也不少，沒用的物品一個也不多。

羨慕是腐蝕心靈的毒蛇

對於大多數人來說，理想的生活正好是我們得不到而他人擁有的生活，因為人們時常認為得不到的是最好的。人們總是習慣於羨慕別人的生活：豐厚的收入、美滿的家庭、有意義的工作、良好的人際關係、美滿的生活等。彷彿全世界都在天堂中享受著天倫之樂，只有自己獨自在地獄裡承受著孤獨和痛苦。

羨慕，作為七宗原罪之一，屬於心靈的陰影層面。於是，當心靈被羨慕腐蝕，我們能看清它真正的需求嗎？

羨慕占據我們的全部心思，排擠其他的思緒和情感。它讓我們醉心於別人的生活、地位、財產之中無法自拔，從而對自己的生活心不在焉。羨慕包含了自我憐憫的成分，但真正折磨我們的是對別人所擁有之物的強烈渴望。

無法明白這個道理會怎麼樣呢？還記得前面提到的希臘神話美狄亞的故事嗎？美狄亞因為豔羨愛情，渴望得到伊阿宋的愛，但她又不懂得如何才能實現自己的願望，於是不惜付出一切代價幫助伊阿宋得到王位，以此期望伊阿宋能夠全心全意愛她。為了得到伊阿宋的愛，美狄亞殘害了眾多的生靈，欺瞞父親、殺害弟弟，就連自己的孩子也毫不留情地殺害了。美狄亞的行為不僅傷害別人，也徹底地毀滅了自己。

羨慕是腐蝕心靈的毒蛇

羨慕在很大程度上是因自尊心而起,但從本質上來講,羨慕具有腐蝕作用,而自尊心就是它腐蝕的目標。然而,羨慕不是自尊心過盛的表現,而是心靈的一種活動,一種讓我們痛苦的反應過程。自尊心面臨的問題在於,如何對羨慕做出反應,如何對待各種因羨慕而生的欲望。

羨慕既是對某些東西的強烈渴望,又是對心靈需求的否定抗拒。欲望加上自我否定,讓我們心煩意亂、無暇他顧,這正是羨慕的基本特徵。羨慕的人認為自己是霉運的受害者,但它也牽涉到人對命運和性格的頑固抗拒。羨慕一旦矇蔽了我們的雙眼,我們就認不清自己的本性了。

在羨慕中,幻想的力量是非常強大的,能夠吸引我們的全部注意力。心靈與生活息息相關,而幻想讓我們沉迷於假象之中,無法直接體驗生活。羨慕將生活隔絕在安全距離之外,但它同時也是心靈發出的訊號,提供了一種契機,提醒我們重新探索心靈,找回失落的情感和愛。

其實,即使是無用之物也有它們的長處,並且能夠永恆持久。蠢人也會有聰明人的福氣,美人也經常羨慕醜女的幸福。事物的價值越小,其壽命也就越長。有裂痕的鏡子讓人看了反感,但是它偏偏不會徹底破碎。上天總是嫉妒有才華的人,因而讓英才早逝,而令庸才長壽。才華橫溢的人時常命運坎坷、窮困潦倒,碌碌無為之人卻通常事事順利、錦衣玉食,所以無須羨慕他人。

一切的好處都是有代價的,而認為不必付出真正的代價就能收穫的想法是極不合理的。也許,你正在羨慕那些享有特權、機遇、財富的人。但是,你也要想到他們的特權、機遇、財富都是付出巨大的代價之後才得到的!

請記住:如果你沒有採取相同的方法、付出同樣多的代價,就不可能得到同樣多的回報。那些得到某些東西的人,他們總是不得不為此付出巨大的代價,也許他們並非真正的比你好。

虛榮是一種具有巨大潛力的動機

文藝復興時期有一位義大利的小諸侯，在臨終時，神父問他是否有需要懺悔的事。他說：「有，有一件事我得懺悔。有一次，國王和教皇來拜訪我。我帶他們到我家的塔頂觀賞風景，然而我卻錯失了把他們從塔頂推下去的機會。這個機會能為我留下不朽的名聲。」

虛榮心強的人希望自己能備受世人矚目，即使是遺臭萬年也無怨無悔。然而，這些人發現，如果完全依靠自己所能，其成就必然是有限的，因為決定他是否有用的不是自己，而是別人的意見。於是，人們盡力討好自己所看重的世俗，以此期待留下印象，即使是壞印象，這就是人類的虛榮心。

虛榮帶來的問題，便是它的自身不斷地膨脹。一個人越是被人談論，就越希望被人談論。一個被定了罪的人獲得允許看有關審判他的報導：如果他發現報紙沒有充分的報導，他就會感到不滿；如果在其他報紙上看到很多有關審判他的報導，他就會對很少報導他的報紙感到不滿。此外，政客和文人們也是如此。他們越是有名，報刊等新聞機構便越來越難以令他們滿意。因為人們渴望以他們為楷模，並且希望從中得到激勵和啟示。只要沒有太偏差的行為，他們隨時能夠

引起人們的關注。雖然隨之而來的各種限制會束縛他們的自由，但是他們也因此獲得了人們的羨慕。這是對於他們所付出努力的補償，為此終日忙碌，失去悠閒的生活也值得。

富人會為自己所擁有的財富而驕傲，是因為財富為他帶來全世界的關注，而他從中所生的快樂也很容易得到世人的認同。這種感覺使他的虛榮心極度膨脹，也使他更加看重自己的財富，甚至超過了財富為他帶來的一切。就像莫里哀（Molière）筆下的阿巴貢（Harpagon）：他嗜錢如命，極端吝嗇；他雖擁有萬貫家財，但是一見到別人向他伸手，就嚇得渾身抽搐；他甚至連「早安」也捨不得說，而是說「借一個早安」。

與此相反，貧困讓窮人感到恥辱，因為覺得人們會因他的貧窮看不起他，即使偶爾注意到他，也不會感到同情。儘管默默無聞並不等於被人否定，但是低下的地位讓他們得不到尊敬和認可，因而走向悲觀、失望。他們羞於在大庭廣眾下暴露自己，別人假惺惺的噓寒問暖只會讓他們覺得難堪。就像司湯達（Stendhal）筆下的朱利安·索雷爾（Julien Sorel）：一個孱弱醜陋的普通年輕人，身處於等級森嚴的社會中，為了實現龐大的野心，不僅要處處顯示知識和能力上的優勢，還要採取種種不光彩的手段，例如虛偽、作假、違心之舉，正當他以為踏上了飛黃騰達的坦途時，社會卻無情地把他送上了斷頭臺。

虛榮是一種具有巨大潛力的動機

人的野心一旦膨脹，就無法容忍與別人平起平坐。對於那些身居高位、習慣了俯視眾生的人來說，對這種感覺的渴望讓其他的一切樂趣都黯然失色。失勢的政客總是想方設法地讓自己接受現實，不去回想往日的榮華富貴，以求得心安，但實際上，極少有人能做到。他們大部分都百無聊賴地消磨時間，常為了一些雞毛蒜皮的小事情自尋煩惱。只有回想到往日的志得意滿，或是重整旗鼓、為了恢復以前的尊位而忙碌，才會容光煥發。

在這個世界上，難道沒有人甘心放棄名利，追求逍遙自在、與世無爭的生活嗎？除非遠離勾心鬥角的浮華世界，拒絕爭權奪利的小圈子，不與在你之前就受矚目的人物盲目比較，否則你就難以做到全身而退。

每個人都渴望引起別人的關注。高官厚祿讓人與眾不同，也是許多人夢寐以求的目標，它們造成多少爾虞我詐、巧取豪奪，讓世界充滿了貪欲和野心！明智之士並不將它們放在眼裡，對誰掌權也漠不關心，他們毫不在意因為一點雞毛蒜皮的小事受到朋友的批評。

事實上，除了那些世外高人，誰都不能把地位和榮耀置之度外。除非他已看透了世界，洞察了事理，能夠做到寵辱不驚；或者已經自甘墮落，採取自暴自棄的態度，不再去想爭權奪利的事情了。

自戀是一種執念

美少年納西瑟斯（Narcissus）是希臘最俊美的男子，無數的少女對他一見傾心，可是他卻自負地拒絕了所有的人，其中還包括美麗的山中仙女厄科（Echo）。厄科十分傷心，很快地消瘦下去。最後，她的身體終於完全消失，只剩下憂鬱的聲音在山谷中迴盪。眾神憤怒了，決定讓納西瑟斯承受痛苦：愛上別人，卻不能以被愛作為回報。

有一天，納西瑟斯在水中發現了自己的影子，卻不知那就是他本人，他愛慕不已，難以自拔，最後導致他赴水求歡，溺水死亡。眾神出於同情，將他化為水仙花。

先知特伊西亞斯（Tiresias）曾預言了納西瑟斯的命運：「只要他不認識自己，他就能活到很老。」

自戀的崩潰，通常是建立在自我認識和自愛的基礎之上。當我們心中產生一種強烈的欲望，想成為想像中的另一個「我」，我們就走出了自戀的第一步。

自戀是指完全沉迷於自我，拒絕一切心靈層面的交流。這是一種執念，排擠了一切來自他人的愛。自戀具有回音的性質，覺得萬事萬物都是自己的投影，因而不願放棄自己的「力量」。

人們時常對自戀大加抨擊，認為自戀是自我和自愛的一

自戀是一種執念

種表現形式。越是被認為不好的東西，通常具有很大的價值。我們對自戀的排斥，會不會掩蓋了心靈之愛的神祕本質呢？我們為自戀貼上負面的標籤，是不是為了抗拒心靈對愛的渴求呢？

心靈總是需要依託，而自戀則是心靈缺乏依託的表現。自戀就是尋找心靈「另一面」的過程。自戀並不是單純的自我迷戀，而是心靈需求的一種表達。自戀意味著我們還沒有找到「我」，因為自戀的人並不清楚，自己的本性有多麼深刻、多麼玄妙。自戀的人表面看似快樂滿足，其實不堪重負。他努力追尋被愛的感覺，卻始終無法成功。

自戀的人所執著的事物，正是他所欠缺的。他會反覆問自己：「我做得是不是不夠好？」而他真正想說的是：「無論我做什麼，無論我怎麼努力，總是無法達到讓自己滿意的標準。」也就是說，一個人之所以刻意表現出自戀，正是因為他找不到愛自己的適當方法。

我們不應該簡單地否定「自我」，甚至「以自我為中心」。自我需要被愛，需要被關注，這是我們天性的一部分。例如，孩子不僅有純真的一面，同時也會哭鬧，甚至會打翻東西，這些都是孩子本性的一部分。自我也是如此，有許多令人羞於談起的需求。如果我們能夠理解自己的多重需求，就能夠在具有多重面向的自我之中，找出我們最常稱之為「我」

的那一個。

其實,自戀者並不自愛。正是因為缺乏對自我的愛和接納,他們才會表現得自戀。越是整天誇誇其談地談論自己的人,自我意識通常越薄弱。在自戀者身上,自愛的缺乏往往表現為受虐傾向,而受虐傾向又很容易轉化為虐待傾向。受虐與虐待,構成了自戀者心靈裂痕的兩個極端。自戀者對他人的拒絕和高人一等的心態,很明顯就是虐待傾向的表現;而經常自我批評的習慣,則是受虐傾向的表現。

經常自我檢討、自我批評的人,認為這樣做就可以免於自戀,其實這正是另一種方式的自戀,因為他們並不關注周圍的世界和生活,而是把注意力全部集中在「自我」之上。換言之,虛假的謙卑才是自戀的真正表現。

當理想主義插著自戀的翅膀在空中翱翔時,與其強迫其降落,倒不如接納它、思索它、擁抱它,讓它從磐石般的冰冷堅硬,自然而然地轉化成花朵般的柔美和芬芳。

自戀是一種訊號,告知人們心靈已經缺少足夠的愛。自戀越嚴重,就說明心靈越缺少愛。因此,要滿足自我的真正需求,就要自我接納、自我承認,肯定和欣賞自我成就。如果刻意壓制自我的欲望,心靈就不會得到應有的關懷。禁欲主義帶來了虛假的道德感,忽視了心靈的需求,最終只會加重自戀的程度。

如果我們能認清心靈的客觀本質，把自己當成別人來愛，這是體驗自我的一種方式。如果我們帶著興趣和愛來觀察自己，同時也不忘記生活和周圍的世界，會有助於將自戀轉化為真正的自愛。

幻想會消磨人的心智

有一個非常貧窮的農夫，在拚死拚活的工作之後，好不容易存了一袋子穀物，非常得意。回家以後，用繩子把袋子懸吊在屋梁上，以防老鼠和盜賊。

將穀物吊好後，農夫當天晚上就睡在袋子下守護，他的心開始馳騁起來：如果我能把穀物零售，就可以賺一筆錢；賺了錢就可以買更多的穀物，然後再賣出去，不久就可以發財，受到他人的肯定；那時，很多女孩子都會來追我，我將會娶一個漂亮的老婆，不久就會有小孩……他必然是一個男孩……我們該為他取什麼名字呢？他看看房子的四周，目光落在小窗子上，透過小窗子他可以看到月亮升起來了。「多美的月亮！」他想著，「多麼吉祥的徵兆！那確實是一個好名字，我要為我兒子起名『賽月』……」

當他在胡思亂想的時候，一隻老鼠找到了路，爬上那袋穀物，把繩子咬斷了。就在他說出「賽月」這兩個字的時候，袋子從天花板掉下來，當場砸死了他。

我們有多少人就像故事中的那個窮人，被異想天開的想法搞得團團轉呢？

幻想如同放大鏡，透過放大鏡去看事物，即便是一隻小螞蟻，也會產生看到大象的幻覺。幻想是折磨人心智的惡魔，誰被幻想控制了心智，誰就會喪失理智。

幻想會消磨人的心智

在一切關乎幸福與痛苦的事物之中,我們應當時刻警惕,不要受到幻想的驅使去建構虛無縹緲的空中樓閣。這樣做的代價是極其昂貴的,因為我們最終不得不推倒它們,並導致各種痛苦和悲哀。

幻想讓我們透過虛幻的紗幕去看待可能發生的災難,從而讓它們看起來顯得比現實中的災難更嚴重、更可怕。這是一種奇特的夢幻,它不像讓人產生愉悅之感的美夢那般,只要醒過來便能擺脫夢境。甜美的夢很快就會在現實中破滅,最多只留下一絲淡淡的希冀。

只要我們還沉湎於悲觀沮喪之中,幻覺就不會輕易消失,而且會隨時產生,因為幻覺總是可以被人們理解的。然而,我們無法推測可能性的精確範圍,因為可能性輕而易舉就會變成可能的事物。於是,我們便開始折磨自我。幻想只能為我們帶來短暫的愉悅之情,而這種愉悅之情一旦被現實打破,帶給人的就是無盡的痛苦。幻想猶如美麗的彩虹,我們只能欣賞它的美麗,卻永遠無法觸及,折磨的是人的心智。

因此,我們千萬不要杞人憂天,徒傷腦筋,遇事要沉著冷靜、從容不迫地思考問題,雖然這個問題並不一定與我們有關。而且,我們不應該過分發揮想像力,因為想像不是判斷,它僅僅能產生幻覺,而這些幻覺通常會導致無益的甚至是極端痛苦的心情。人們永遠無法從只是計畫要做的事情中

得到滿足感。無論你的夢想是獲得名望、財富、浪漫，還是冒險，都必須去實施才行。如果對生活感到不滿意，就必須付諸行動，而不是停在原地懺悔地幻想。

說一尺不如行一寸。現實是此岸，理想是彼岸，中間隔著湍急的河流，行動則是架在河上的橋梁。只有行動才會產生結果。行動是成功的保證。任何偉大的夢想，最終必然落實於行動上。

迷惑在虛假的幻想中，似乎能帶給我們快樂，實際上帶給我們的只是痛苦，使我們如同匍匐在無邊無際的沙漠裡，只能飢渴而死。

追求優越感是人的通性

有三個孩子,他們都是初次被大人帶到動物園。當他們站在獅子籠前面時,三個孩子有不同的表現:一個孩子躲在母親的背後,全身發抖地說道:「媽媽,我要回家。」第二個孩子站在原地,臉色蒼白地用顫抖的聲音說:「媽媽,我一點也不怕。」第三個孩子目不轉睛地盯著獅子,並問他的媽媽:「媽媽,我能不能向牠吐口水?」

這三個孩子都已經感到自己所處的劣勢,但是每個人都依照自己的生活方式,用自己的方法表達自己的感覺。心理學家認為,這三個孩子都有不同程度的自卑感。其實,我們每個人都有不同程度的自卑感,因為我們都清楚自己所處的地位是我們希望加以改進的。憤怒、眼淚和道歉一樣,都是自卑情緒的表現。由於自卑感總是會造成緊張,所以爭取優越感的補償行為必然會同時出現,但是其目的卻不在於解決問題。爭取優越感的行為總是朝向生活中無用的一面,真正的問題卻被遮掩起來或避開不談。

無法超越自卑的人,是自己限制了自己的活動範圍,他總是苦心孤詣地想要避免失敗,而不是追求成功。他在困難面前會表現出猶疑、徬徨,甚至是退卻的舉動。在面臨困難時,最徹底的退縮表現就是自殺。此時,個人在所有的生活

問題面前,都已經放棄尋求解決之道,認為他對改善自己的處境已經無能為力了。自殺的本質就是一種對他人的責備或報復,在每一個自殺案件中,死者一定會把他死亡的責任歸咎於某一個人。彷彿自殺者在說:「我是所有人類中最溫柔、最仁慈的人,而你卻這麼殘忍地對待我!」

沒有人能夠長期忍受自卑感,它一定會使他採取某種行動,以解除自己的緊張狀態。假使一個人已經氣餒了,假使他不再認為腳踏實地的努力能夠改進他的境遇,他仍然無法忍受他的自卑感,他仍然會努力設法擺脫它們,只是他所採用的方法卻不能使他有所改進。他的目標仍然是「凌駕於困難之上」,卻不再設法克服障礙,反倒用一種優越感來自我陶醉或麻痺自己。

追求優越感是所有人的通性,這是屬於人類獨有的。有時候,我們會看到小孩子毫無顧忌地依此方式表現他們自己,他們說:「我希望變成孫悟空。」如果你繼續詢問他:「為什麼要變成孫悟空呢?」他會直白地告訴你,孫悟空有七十二變,可以變出很多好玩的東西、好吃的東西,可以打敗一切妖魔鬼怪⋯⋯孩子的思想是單純而美好的,但這也正展現了人類對優越感的追求。

在人類所有的優越感目標中,有一種共同要素是想要成為神靈。許多哲學家也有同樣的理想,而有些教育家也希望

追求優越感是人的通性

把孩子們教育得如神靈一般。在古代宗教訓練中,也可以看到同樣的目標:教徒必須把自己修練得近乎神聖。變成神聖的理想以較溫和的方式表現在「超人」觀念之中。每個人都希望自己成為整個世界關注的焦點,成為四面八方景仰膜拜的對象,成為掌握超自然力量的主宰,並且能預言未來,能和整個世界連繫並聆聽他人所有的對話。

這是一種特別強烈的優越感目標。優越感的目標一旦被具體化後,並賦予其正確的生活意義,人們便會朝著這個方向前進。

美國哈佛大學對一批大學畢業生進行了一次關於人生目標的調查,結果是:27%的人,沒有目標;60%的人,目標模糊;10%的人,有清晰而短期的目標;3%的人,有清晰而長遠的目標。

二十五年後,哈佛大學再次對這批學生進行了追蹤調查,結果是:那3%的人,二十五年間始終朝著一個目標不斷努力,都成了社會各界成功人士、行業領袖、社會菁英;10%的人,他們的短期目標不斷實現,成為各個領域中的專業人士,大都生活在社會中上層;60%的人,他們過著安穩的生活,也有著穩定的工作,卻沒有特別出色的成績,生活在社會的中下層;剩下27%的人,生活沒有目標,並且還在抱怨他人,抱怨社會不給他們機會。

想要成功就要設定優越感目標,沒有優越感目標是不會成功的。

目標就是方向,就是成功的彼岸,就是生命的價值和使命。

意志的
無盡力量

意志的無盡力量

信念是隱藏在心靈深處的力量

　　科學家曾經做過這樣一個實驗：他們在一個玻璃杯裡放進一隻跳蚤，發現跳蚤輕易地跳了出來。再重複幾遍，結果還是一樣。根據測試，跳蚤跳的高度一般是它身體的四百多倍。

　　接下來，科學家再次把這隻跳蚤放進杯子裡，但這次在杯子上加一個玻璃蓋，結果跳蚤跳起來時重重地撞在玻璃蓋上。但是，它並沒有停下來，因為跳蚤的生活方式就是「跳」。一次次被撞之後，跳蚤逐漸變得聰明，它開始根據蓋子的高度來調整自己跳的高度。幾個小時以後，科學家發現這隻跳蚤再也沒有撞擊到這個蓋子，而是在蓋子下面自由地跳動。

　　一天後，科學家把這個蓋子輕輕地拿掉了，跳蚤還是在原來的高度繼續地跳。一週以後發現，這隻可憐的跳蚤還在這個玻璃杯裡不停地跳著，它已經無法跳出這個玻璃杯了。

　　生活中，許多人也在過著這樣的「跳蚤人生」。年輕時意氣風發，多次嘗試，但總是事與願違、屢屢失敗。幾次失敗以後，他們便開始抱怨這個世界的不公平，開始懷疑自己的能力。他們不是千方百計地找出失敗的原因，而是一再降低成功的標準，即使原有的一切限制已經取消。就像「玻璃蓋」

信念是隱藏在心靈深處的力量

雖然被去掉，但他們早已害怕被撞，或者已習慣了，不敢或懶於挑戰新的高度。人們時常因為害怕追求成功，而甘願忍受失敗者的生活。

難道跳蚤真的不能跳出這個杯子嗎？絕對不是。只是跳蚤在心裡已經承認了，這個杯子的高度是自己無法踰越的，它不相信自己能夠跳出杯子。

「如果你的人生離自己滿意的目標還差得很遠，那你就是造成這種糟糕狀況的始作俑者。」這個說法雖然擊中了要害，卻讓你大為惱火，並竭力想否定。在面對任何讓自己深陷其中的困境時，明智的做法是首先捫心自問。

毫無疑問，你就是自己生活中各種問題的罪魁禍首，因為操縱一個人的是隱藏在內部的信念。

信念決定了人的生活或做事方式，指導著我們精神生活的各方面。一個人擁有堅定的信念意味著：他透過信念力本身、透過自己的身體、透過其他的事物，能夠利用巨大的內在能量來實現自己的目標。

人的信念可以比作充電電池，其放電能量的大小取決於它的容量和它的傳導系統。它可以多次積聚能量，在恰當的操作下釋放出強勁的電流。在某個事件或者某種特殊的情況刺激之下，人可能會產生巨大的信念，而這種信念又引發了超乎尋常的能量。因而，信念可以被看作是一種累積起來的能力，一種能夠增加數量、也能夠提高品質的能量。

意志的無盡力量

　　信念，是唯一不會耗竭的力量，也是人們永遠具備的力量。它不僅是思想中的一種動態力量，也是一種與人的目標緊密相關的力量，這種目標可以是短期的、近在眼前的，也可以是長期的、遠在未來的。而信念在長期目標中所能發揮的作用，則取決於它在平時每一次下決心來完成某件事時所發揮的效果。

　　人生是信念所結的果實。人的內心不對某件東西充滿渴望，這件東西就不可能靠近自己。你能夠實現的，只能是你自己內心渴望的東西，如果內心沒有渴望，即使能夠實現的也實現不了。換句話說，內心的願望和渴望形成了現實中的人生。

　　想要完成一件事情，首先應該想想自己要怎樣做，並以此付出比其他任何人更強烈的熱情，這是最重要的。人生就如同你內心描繪的一張藍圖，而信念就是一粒種子，是在人生這個庭院裡生根、發芽、開花、結果的最初且最重要的因素。

　　信念堅定的人通常也是對生活充滿無限熱情的人，正是因為他心中有堅定的信念，有一個對未來美好的願景，因此這種信念會不知不覺地展現在他的滿腔熱情之中。倘若說熱情是一團燃燒的火焰，那麼，信念必定是那點燃它的火源。

模仿他人是很難成功的

森林裡舉辦百鳥音樂會,節目一個比一個精采。百靈鳥清脆悅耳的合唱、夜鶯婉轉動聽的獨唱、雄鷹豪邁有力的高歌、大雁低迴深沉的吟詠……博得了一陣又一陣熱烈的掌聲。

唯有鸚鵡不以為然,臉上掛著嘲諷的冷笑:「你們每個人就那麼兩下子,有什麼了不起?輪到我呀……哼!」

終於輪到鸚鵡上場了,牠昂首挺胸地走上舞臺,神氣地向大家鞠了一躬,清清嗓子就唱了起來。第一首歌,牠學百靈啼;第二首歌,牠學雄鷹叫;第三首歌,牠學夜鶯唱;第四首歌,牠學大雁鳴……牠垂著眼皮唱了一首又一首,完全陶醉在自己的歌聲裡。音樂會評審結果公布了,鸚鵡以為自己穩拿第一,但牠的名字竟然排在名單的尾巴,鸚鵡難過地哭了。牠滿腹委屈地找到評審委員會主席鳳凰說:「我……我難道還……還不如烏鴉嗎?為什麼把我排……排在最末一名?」鳳凰誠懇地對牠說:「藝術貴在獨創。你除了重複別人的調子外,有哪一個音符是你自己的呢?」

鸚鵡模仿能力很強,百靈、雄鷹、夜鶯、大雁,牠都能學得唯妙唯肖,可惜百鳥演唱會不是模仿秀,沒有自己特色的鸚鵡注定沒有立足之地。同樣地,人生也不是模仿秀,你不能一味地模仿他人。你嘗試過像別人那樣生活嗎?還是你一直保持著自己獨特的風格,以自己的方式生活著?一個乏味的人,

潛能得不到最大的發揮，因此我們要走獨特的路，創造自己的「味道」。你不必總是和別人一樣，你就做你自己，做一棵森林中獨一無二的樹，而不是複製所謂的人造盆栽。

什麼是乏味的人？「乏味」是缺乏自己的風格，是內心對生命沒有熱情，是對自己沒有自信，一味地追隨他人的腳步，白白地讓自己心中的那個英雄溜走，同時也帶走自己對生命的熱情與信心。戴爾‧卡內基（Dale Carnegie）曾經問素凡石油公司的人事部經理保羅：「求職的人最常犯什麼錯誤？」保羅的答案是：「不能保持本色，他們總是不能以自己的面目示人。」從開天闢地至今，不可能有一個與你完完全全一樣的人，不必浪費太多的精力在模仿他人身上，而忽視了如何發掘自己身上的潛能。

若你還在試圖變得和別人一樣，你頂多也就只能當個複製品，說不定還是個差勁的複製品。這恰好就是讓失敗者陷入失敗的惡性循環的原因，同時也阻止有才華的人成為卓越的人才。許多潛在的因素間接決定我們能取得多大的成功，以及對別人的影響有多大。但千百年來都是只有願意冒險、想要與眾不同、挑戰現狀，並會激怒一小部分人的人，才會使世界有大的改變，正所謂「真理往往掌握在少數人手中」。

任何重大成果都是由特立獨行的性格造就的，它們在相當程度上與這個社會的步調是不一致的。想想「嬉皮資本

家」理查‧布蘭森（Richard Branson），想想脫口秀女王歐普拉‧溫芙蕾（Oprah Winfrey），想想蘋果教父史蒂夫‧賈伯斯（Steve Jobs）⋯⋯如果你想成為這樣的人，你就必須接受這樣的觀點：與別人過度一致無法取得真正的成功。

許多特立獨行的人對這個社會產生了重要影響，因為他們想要變得與眾不同。布蘭森雖置身於名流社會，卻是一頭披肩長髮，終日休閒打扮，玩世不恭。這一切使他更像搖滾明星，而不是一個商業界「穿著西裝的紳士」。正是這樣一位「嬉皮資本家」，一手建立了「維珍」（Virgin）品牌，並讓這個品牌在英國深入人心。布蘭森被許多英國商業機構認為是個怪人，但布蘭森會在意這些嗎？

不幸的是，大多數人卻都力圖和周圍的人保持一致，而不願意從普通人之中脫穎而出。然而，如果你自己做不到與眾不同，是很難有所成就的。從你本身來看，做一個特別的人是成功的唯一出路。當然，也許會有人反對你，甚至會受到無數的批評。不過，人們也會因此而尊敬你，尤其是當你取得成功的時候。毫無疑問，你會逐漸變得更有原則和力量，並受到更多的尊重。

與眾不同甚至是獨特不羈的人可以改變整個世界，而從眾的人只能成為泛泛之輩，對世界沒有絲毫影響。那麼，你願意成為哪一種人呢？

明天是魔鬼的座右銘

智慧女神雅典娜在某一天突然從宙斯的頭腦中一躍而出，出現之時雅典娜衣冠整齊，沒有一絲凌亂。同樣地，某種高尚的理想、有效率的思想，也是在某一瞬間出現在一個人的頭腦中，這些想法剛出現的時候是很完整的。但是，有著拖延惡習的人遲遲不去執行，不使之實現，而是留到明天再去做。

拖延是一種浪費寶貴時間的行為，浪費時間這種惡習是人與生俱來的。我們所有人都有拖延的傾向，只是程度不同而已。將對我們來說不太重要的任務拖延一下沒什麼關係，但問題在於，我們總是拖延最重要的事業，將時間花費在實際上並不重要的事情上。

每天都有每天的計畫和打算，昨日有昨日的事，今日有今日的事，明日有明日的事。今日的理想，今日的決斷，今日就要去做，一定不要拖延到明日，因為明日還有新的理想與新的決斷。

放著今天的事情不做，非得留到以後去做，其實在這個拖延中所耗去的時間和精力，就足以把今日的工作做好。所以，把今日的事情拖延到明日去做，實際上是很不划算的。

有些事情在當初做會感到快樂、有趣，如果拖延了幾個星期再去做，便感到痛苦、艱辛了。比如，寫信就是一例，一收到來信就回覆是最容易的，但如果一再拖延，那封信就不容易回覆了。因此，許多大公司都規定，一切商業信函必須在當天回覆。

拖延的習慣時常妨礙人們做事，因為拖延會消滅人的創造力。其實，過分的謹慎與缺乏自信都是做事的大忌。有熱忱的時候去做一件事，與在熱忱消失以後去做一件事，其中的難易程度相差很多。

命運時常是奇特的，好的機會總是稍縱即逝，猶如曇花一現。如果當時不善加利用，錯過之後就會後悔莫及。

決定的事情拖延著不去做，會對我們的品格產生不良的影響。唯有按照既定計畫去執行的人，才能提高自己的品格，才能使他人景仰你的人格。其實，人人都能下決心做大事，但只有少數人能夠始終去執行自己的決定，也只有這少數人才能成為最後的成功者。

當一個生動而強烈的意念突然閃現在一名作家腦海裡時，他就會生出一種不可遏制的衝動，提起筆來，把那意念描寫在白紙上。然而，如果他當時因為有些不方便，無暇執筆來寫，一再拖延的話，到了後來那意念就會變得模糊，最後會完全從他的思想裡消失不見。

意志的無盡力量

靈感經常轉瞬即逝,所以應該及時抓住,打鐵趁熱,立即行動。

2009年,有一部很好看的電影叫《天外奇蹟》(Up),講述一對老夫婦計畫去一個叫做夢幻瀑布的地方。他們有一個存錢罐,約定好等存錢罐滿了,他們就出發。但是,日子沒有像他們計畫的那樣,汽車要維修、房子在漏水、孩子要上學,他們被迫一次又一次地用到這筆積蓄,一次又一次地拖延出發的時間。終於有一天,老婦人過世了,老先生一個人待在這個空蕩蕩的房子裡。如果不是房地產開發公司威脅要拆掉這棟房子,老先生也不會爆發出這個瘋狂的舉動:他在房子上面綁了成千上萬個氣球,在一天早上大喊一聲,他的房子呼地飛起來了!他駕駛著氣球房子,在人們張大的嘴巴中逐漸上升,穿過雷電,飛往夢幻瀑布。

當他這輩子身體最糟糕、財務最貧窮的時候,卻開始了走向夢想的旅行,當房子騰空而起,才發現原來無須等待存夠一定數量的錢,自己早就可以上路。

將希望、幻想寄於未來,卻又生活在情感的「拖延計劃」之中,最終將只是枉費心機。

拖延會帶來永久的損失與痛苦。我們真正的痛苦就來自於因拖延而產生的持續焦慮與恐懼,來自於因最後時刻所完成任務品質之低劣而產生的負罪感,還來自於因為錯失人生

中的機會而產生的悔恨。

　這個世界只給我們一天的時間，明天沒有任何保證。我們能夠掌握的只有今天，而不是明天，明天只是魔鬼的座右銘。

意志的無盡力量

改變歷史的人往往是厭煩歷史的人

人類厭倦了爬行，所以學會了直立行走；人類厭倦了茹毛飲血的生活，所以發明了鑽木取火；人類厭倦了赤身裸體，所以用衣服蔽體……

厭煩，是人類獨有的情緒。籠子中的動物總是無精打采，踱來踱去，呵欠連天；牠們大部分的時間都在搜尋敵人或食物，或同時搜尋二者；牠們有時交配，有時則設法取暖。但即使當牠們不快樂時，牠們也不會厭煩，動物不會有類似厭煩的感覺，因為這些動物從來不曾做出驚世駭俗的壯舉。

厭煩是人類行為的一個要素，卻未受到人類應有的重視，而厭煩中的某些成分是人生不可或缺的組成部分。避免煩惱的願望是天生的，任何人遇到機會都會表現出這種願望。戰爭、屠殺、迫害都已成了逃避煩悶的方法，甚至與鄰居吵架也比無所事事要好過一點。厭煩是道德家們所面臨的主要問題，因為人類的罪惡至少有一半起源於懼怕苦悶。

厭煩並不是人類命運的一部分，而是可以避免的，方法是打破沉悶。打破沉悶意味著打破舊有的生活狀態。我們需要有打破陳舊的勇氣，不要讓不合宜的生活規律控制你的大腦，因為潛力的繁衍需要不斷新生的空間。當在一切舊事物中找不到潛能的發展點時，獨闢蹊徑才能讓你的人生創意暢通無阻。

改變歷史的人往往是厭煩歷史的人

有一條河流從遙遠的高山上流下來，經過了很多個村莊與森林，最後到達一個沙漠。它想：「我已經越過了重重障礙，這次應該也可以吧！」

當它決定越過這個沙漠的時候，發現河水漸漸消失在泥沙之中，它試了一次又一次，但總是徒勞無功。於是，它灰心了：「也許這就是我的命運，我永遠也到不了傳說中那個浩瀚的大海。」

這時候，四周響起了一陣低沉的聲音：「如果微風可以跨越沙漠，那河流也可以。」原來，這是沙漠發出的聲音。

小河流很不服氣地回答說：「那是因為微風可以飛過沙漠，而我卻不能。」

「因為你堅持原來的樣子，所以你永遠無法跨越這個沙漠。你必須讓微風帶著你飛過這個沙漠，到達目的地。你只要願意放棄現在的樣子，讓自己蒸發到微風中。」沙漠用它低沉的聲音說。小河流從來不知道有這樣的事情：「放棄我現在的樣子，然後消失在微風中？不！不！」小河流無法接受這樣的事情，畢竟它從未有這樣的經驗，叫它放棄自己現在的樣子，那不等於是自我毀滅嗎？

「我怎麼知道這是真的？」小河流疑惑地問。

「微風可以帶著水氣飄過沙漠，等到了適當的地點，它就把這些水氣釋放出來，於是就變成了雨水。然後，這些雨水又會形成河流，繼續前進。」沙漠很有耐心地解釋。

「那我還是原來的河流嗎？」小河流問。

「可以說是,也可以說不是。」沙漠回答,「不管你是一條河流還是看不見的水蒸氣,你內在的本質不會改變。你之所以會堅持自己是一條河流,是因為你從來不知道自己內在的本質。」

此時,小河流的心中隱隱約約地想起自己在變成河流之前,似乎也是由微風帶著自己,飛到某座高山的半山腰,然後變成雨水落下,才變成今日的河流。於是,它終於鼓起勇氣,投入微風張開的雙臂,讓微風帶著它,奔向它生命中的歸宿。

我們就像小河流一樣,想要跨越生命中的障礙,達到某種程度的突破,向理想中的目標邁進,就要有打破沉悶的決心。我們的人生創意總會在我們適應了一成不變的生活後,失去動力,我們的潛能也就像一架動力不足的機器一樣無法前行,而守舊的大腦永遠無法激起生命創意的火花。

其實,只要稍稍改變生活的狀態,便可以改變一切。我們不能為自己確定一種永遠適用的生活方式,要在每一刻都爭取最適宜的調整。

生活就像萬花筒,它能呈現什麼樣的色彩與紋飾,在於持筒之人掌握萬花筒的角度。因此,能夠看見生活萬花筒中最精采圖樣的人,必定是生活姿態最具創意的人。這樣的人在面對生活時,總會擁有獨特性和創造性的想法。

專注於自己的角色

文藝復興時期義大利著名畫家李奧納多・達文西的傑作〈最後的晚餐〉(*The Last Supper*)享譽全世界,可是,〈最後的晚餐〉是怎麼畫出來的,大概就很少有人知道了。

達文西前半生一直際遇坎坷,懷才不遇。三十歲時,他投奔到米蘭的一位公爵的門下,希望能為自己創造一些人生機會。在公爵那裡的最初幾年,他一直默默無聞,也沒有什麼重要的事情可以做。他的畫也沒有得到公爵的賞識,但他自己一直沒有喪失信心,他始終在自己簡陋的畫室裡執著地畫著。

有一天,公爵來找他,請他去為聖瑪麗亞修道院的一間餐廳畫裝飾畫。這是一件無足輕重的工作,一個普通的三流畫家就可以完成,似乎也沒有必要在一間餐廳的牆壁上花費真功夫。不過,達文西卻不這樣認為,他從來沒有敷衍了事地畫任何一幅畫,即使是習作也認真對待。

達文西傾盡了自己所有的才華,日夜站在鷹架上作畫。

一個月後,餐廳的裝飾畫完成了,很有鑑賞力的公爵立刻意識到這是不可多得的傑作。他立刻找來米蘭的那些大畫家,請他們看看達文西的這幅作品。所有前來的畫家無不為畫作的構思和大膽用色而驚奇。這幅畫作就是聞名於世的〈最後的晚餐〉,它被慧眼識中後,名不見經傳的聖瑪麗亞修道院霎時遠近馳名,一直默默無聞的達文西也自此揚名。

意志的無盡力量

達文西認真對待不太重要的工作,成功便在他專注工作時光顧。再微不足道的工作,只要用心去做,都會有所回報,以認真負責的態度走好每一步,就能擁有不一樣的人生。

想要讓自己做事有成效,就必須做到將自己的全部注意力集中在與自己息息相關的事情上,專注於分內之事,並且清楚地理解到他人的事情屬於他人,與自己無關。只有做到這一點,我們才不會再受制於人,也不會把精力花費在一些挑剔或反對他人的事情上。知道什麼是與我們息息相關的,並對其專心致志,我們就不會被迫去做那些違心之事,他人無法左右我們,而我們也不會受傷害。

充分地扮演好你應該扮演的角色。我們都像戲劇中的演員,而生活則是導演,他為我們安排好了角色。每個人在這個世界上的角色都有所不同,有的人將演出短劇,有的要演出長劇。分配給我們的角色也會有窮人、富人、名人、領袖等之分。我們無法控制生活為我們安排什麼樣的角色,唯一能做的就是盡自己最大的努力,毫無怨言地賦予這些角色以生命的意義。無論在什麼情況下,都要好好地做與自己有關的事情,讀者要好好閱讀,作者要好好寫作,才能把自己的戲演得盡善盡美。

與我們無關的事情不要去理會。只關注與我們有關的重

要的事情,忽視那些不值得我們投入精力的閒雜之事,這是現代人類精神進步之後的要求。想要堅定意志,使人生順遂,就要堅定目標。堅定地去做需要做的事,不要在乎別人的看法,因為那只是他人的看法,而且極有可能是被事情的表象所矇蔽後的主觀意志,並不能對我們的人生發揮任何有益的作用。如果因為一些無關緊要的事而被他人認為愚蠢,也未嘗不是一件好事,因為我們的思想、意志完全被放在了值得關注的、對未來有益的事情上,我們的目標正在逐步實現。

如果面對每一件事,我們都自由地挖掘自己的潛能去應對,在不斷的練習中養成習慣,那麼面對生活中的種種意外,我們就能夠完美地控制自己、輕鬆應對了。

不要盲從權威，要有自己的判斷力

一名佛教徒遇到了困難，去寺廟裡求助於觀音。走進廟裡，發現觀音像前也有一人在參拜，那個人長得和觀音一模一樣。

「你是觀音嗎？」

「是。」那人答道。

「那你為何參拜自己呢？」

「因為我也遇到了困難。」觀音笑道，「可是我知道，求人不如求己。」

凡人之所以為凡人，可能就是因為遇事喜歡求人；而觀音之所以為觀音，大概就是因為遇事只求自己吧！世人盡信觀音，觀音卻告訴我們「求人不如求己」，與其盲目地把一切寄託在他人身上，不如主動去探索。

人們對權威近乎固執的盲目崇拜，經常堵塞了自己的思想泉源。我們在生活中常常聽到「某某名人說什麼」、「某某專家說什麼」等類似言論，名人、專家的話固然重要，但倘若不假思索就照抄照用，甚至以此來束縛自己的思考，就會步入迷思。其實，權威的話並不一定都是對的，正如亞里斯多德（Aristotle）所說：「吾愛吾師，吾更愛真理。」

不要盲從權威，要有自己的判斷力

權威之所以能夠成為權威，也是源於他們在實踐中的不斷探索。在尊重權威、堅持尋求真理方向的同時，一定要有自己的主見，否則權威就可能成為制約我們發展的鐐銬。

英國一位年輕的建築設計師很幸運地被邀請參加溫莎市政廳（Windsor Guildhall）的設計。他運用工程力學的知識，根據自己的經驗，很巧妙地設計了只用一根柱子支撐大廳天頂的方案。

一年後，市政府進行驗收時，權威人士對他設計的一根支柱提出了異議。他們認為，用一根柱子支撐天花板太危險了，要求他再多加幾根柱子。

年輕的設計師十分自信，他說：「只要用一根柱子便足以保證大廳的穩固。」他詳細地透過計算和列舉相關實例加以說明，拒絕了工程驗收專家們的建議。

然而，設計師的固執惹惱了市政官員，他差點被送上法庭。在萬不得已的情況下，他只好在大廳四周增加了四根柱子。不過，這四根柱子全部都沒有接觸天花板，其間相隔了無法察覺的兩公釐。

時光如梭，歲月更迭，一晃就是三百年。三百年的時間裡，市政官員換了一批又一批，市政府大廳堅固如初。直到二十世紀後期，市政府準備修繕大廳的天頂時，才發現了這個祕密。

消息傳出，世界各國的建築師和遊客慕名前來，觀賞

這幾根神奇的柱子,並把這個市政大廳稱作「嘲笑無知的建築」。最令人們稱奇的是,這位建築師當年刻在中央圓柱頂端的一行字:自信和真理只需要一根支柱。

這位年輕的設計師就是克里斯多福・雷恩(Christopher Wren),一個很陌生的名字。今天,有關他的資料微乎其微,但在僅存的一點資料中,記錄了他當時說過的一句話:「我很自信。至少一百年後,當你們面對這根柱子時,只能啞口無言,甚至瞠目結舌。我要說明的是,你們看到的不是什麼奇蹟,而是我對自信的一點堅持。」

不要輕易否定自己,尤其是在權威的面前,更應有勇氣堅持自己的意見。羅賓德拉納特・泰戈爾(Rabindranath Tagore)曾經說過:「除非心靈從偏見的奴役下解脫,否則心靈就無法從正確的觀點來看待生活,真正了解人性。」而最致命的偏見,莫過於認為權威無論何時都是正確的。

遭遇困難或否定時,不要盲目地把權威的不可超越作為自己失敗的藉口。我們不能因為讀了鉅著《紅樓夢》,就停止文壇上的耕耘;不能因為看了迪亞哥・馬拉度納(Diego Maradona)踢球,便放棄綠茵場上的夢想;不能因為聽過盧奇亞諾・帕華洛帝(Luciano Pavarotti)的歌聲,便扼殺自己的音樂夢想。如果總是活在權威的陰影下,總覺得自己技不如人,那世界上也就不會出現曹雪芹、馬拉度納、帕華洛帝等偉大的人物。

不要盲從權威，要有自己的判斷力

權威之所以是權威，有時候只是意味著他較充分擁有現有資料、知識，過去曾經有所成就，在這個領域中有著一些超乎常人的判斷力，但並不意味著他事事完全正確。因此，不要迷信任何人，更不要盲目崇拜任何人。我們可以尊重權威的意見，在他的基礎上前進，但千萬不要把他看作不可踰越的高峰。相信自己，才是最重要的。

意志的無盡力量

理想是
靈魂的居所

理想是靈魂的居所

學會等待，懂得堅持

一個冬日，有一位老人為了尋找柴火，砍了一棵枯樹。他原本以為那棵樹已經死掉了，但是第二年春天，被鋸斷後留下的半截樹樁周圍綻出了新芽。老人看著嫩芽感慨不已，說道：「別忘了這個重要的教訓，不要在冬天砍倒一棵樹。」

老人之所以會選擇砍那棵樹，是因為他認為樹已經死了，但事實證明那棵樹還活著，也就是說老人在冬天做出的那個判斷是錯誤的。每個人都可能遇到生命中的冬天，在最沮喪、最倒楣、最低落的時候，當我們覺得自己陷入無法擺脫的困境時，也不要輕易為自己下「絕望」的診斷書。

如果你曾經相信自己擁有過人的才華，或者曾有過偉大的理想，那就不要輕言放棄。因為有無數事實告訴我們，即使在情況惡劣的時候，只要靜心等待，只要不失去希望，只要仍有信心，只要不斷努力，就能等到柳暗花明的那一天。

所有人在追夢的路上都會遇到挫折，一定要學會等待，耐心地等待黎明前的黑暗過去。在破曉之前，黑暗總是漫長而難熬的，但只要我們心懷夢想，不因現實的冷酷而放棄對夢想的守望，夢想之花終究會華麗盛開。有了對生命的美麗憧憬，有了對夢想的執著堅持，就連冰冷的石頭也能遠行。

學會等待，懂得堅持

一個極度渴望成功的年輕人，卻在他短短的人生旅途中接二連三地受到打擊，他處於崩潰的邊緣，幾乎要絕望了。但苦悶的他仍然心有不甘，在徬徨和迷惘中，他決定去請教一位智者。

見到智者後，他很恭敬地問：「我一心想要有所成就，卻總是失敗，遇到挫折。請問，到底怎樣才能獲得成功呢？」

智者笑了笑，轉身拿出一件東西遞給年輕人，年輕人吃驚地發現智者給他的竟然是一顆花生。年輕人困惑地望著智者，智者問道：「你覺得它有什麼特別之處呢？」

年輕人仔細地觀察了一番，仍然沒有發現它和別的花生有何區別。「請你用力捏捏它。」智者說。年輕人伸出手用力一捏，花生殼被他捏碎了，只有紅色的花生仁留在手中。「請你再搓搓它，看看會發生什麼事。」智者又說，臉上帶著微笑。

年輕人雖然不解，但還是照著智者的話做了。他輕輕地一搓，花生紅色的皮也脫落了，只留下白白的果實。年輕人看著手中的花生，不知智者是何用意。「再用手捏捏它。」智者又說。年輕人用力一捏，他發覺自己的手指根本無法將它捏碎。「用手搓搓看。」

智者說。年輕人又照做了，當然什麼也沒搓下來。

「雖然屢遭挫折，卻有一顆堅強、百折不撓的心，這就是成功的一大祕訣！」智者說。

年輕人忽然頓悟，遭遇過幾次挫折就崩潰、絕望，這樣

脆弱的心理又怎麼能夠成功呢？從智者家裡出來，他又挺起了胸膛，心中充滿了力量。

在我們的身邊，能夠親眼看見很多人被成功拒之門外，他們失敗的原因，通常是缺少再試一次的勇氣、與再堅持一下的決心。古往今來，成就大事的人幾乎都有一個最明顯的特徵，那就是堅定執著。

滴水可以穿石，鋸繩可以斷木。有了人生的理想還不夠，還要有堅持追求理想的勇氣和信心。如果做事情總是三心二意，即使是天才也會一事無成。只有仰仗恆心，點滴累積，才能看到成功。勤快的人能笑到最後，耐跑的馬會脫穎而出。

夢想是人生的舞臺，但很多時候，它被時間鎖在環境的閣樓裡。只有堅持做一個快樂的人，全力以赴地與時間抗衡，才能最終以勝利的姿態笑傲生活。

只有當你把成功的定義放在內心，你才能夠真正獲得可以掌控的幸福，獲得貫徹始終的幸福生活。你可以安心地靠在窗邊看看風景，然後更快地上樓。

回顧你的生命，那些讓你最幸福、最快樂的時刻，是不是都來自於深深的生命底部呢？

那些最艱辛的日子，你默默地堅持；那些黑暗的日子，你的眼睛裡面閃著理想的光。回顧過去，那是你生命中獨特

的時刻,也是你生命中走得最快的時候。

如果你有一個夢想,那就去捍衛它;如果你有一個目標,那就去爭取它;如果你想登上頂峰,那就要學會耐心等待。一定要邁開步伐,成功就是越走越近!

理想是靈魂的居所

失敗是成功之母

　　金庸小說裡面有一個人叫做獨孤求敗，他非常成功地擊敗了一個又一個對手，一直都保持成功。終於有一天，他打敗了所有的武林高手，按道理說，獨孤求敗應該很開心，但事實恰好相反，他開始煩惱起來，他需要一次失敗，唯有如此，才是他下一次成功的開始。只有打敗對手，才有成功，而獨孤求敗卻沒有對手，所以他最後鬱鬱而終。

　　在人生的道路上，無論選擇哪條路，通往成功和幸福的道路總是充滿艱難和阻礙，甚至還得經歷失敗。長遠來看，失敗具有積極的一面。失敗最終能將失敗者變為勝利者，失敗能夠成為你人生中獲得的最好教育。

　　所有的成功者都對失敗有著正確的態度。如果你也想成功，那你必須甘願承受一些落敗的經驗，以獲得整個戰役的勝利。世間最糟糕的事情莫過於當危機來臨時，找不到擺脫的辦法。我們有各種逃避的方法，但這些絲毫不能減輕你的痛苦，反而會使痛苦更加刻骨銘心。為此，我們必須使勁站起來，再次邁開前行的腳步，走出失敗，重新生活，因為我們身體中的每一個細胞都是為了在生命中奮鬥而生。生命是一支越燃越亮的蠟燭，是一份來自上帝的禮物，是一筆留給後代的遺產。

失敗是成功之母

如果想要獲得成功，我們就必須對失敗抱著歡迎的態度。

西元 1877 年，湯瑪斯‧愛迪生（Thomas Edison）開始著手研究白熾燈。為此，他查閱了大量的資料，做了 20 本紀錄，共計 4 萬多頁。他不僅了解了前人在電力照明方面的成就和進展，也總結了前人的經驗和教訓。

在這段時間裡，愛迪生常常通宵達旦地忙碌，疲倦了就把書當枕頭，在實驗桌上打個瞌睡。愛迪生絞盡腦汁，歷時一年多，先後用了 1,600 多種礦物和金屬耐熱材料，進行了上萬次實驗，結果都失敗了。不久前，對於他改良電燈，報紙上還大吹大擂；可是一轉眼，報紙上卻開始諷刺他，說他是做白日夢。無論是吹捧還是譏諷，愛迪生都不為所動，他毫不氣餒，樂觀地面對實驗的失敗。

有一次，愛迪生的手指碰到了桌上的一堆燈絲，他那灰色的眼睛突然一亮，連忙叫助手拿來幾軸棉線。助手們按照他的吩咐，把棉線彎成髮夾的樣子，放在鎳製的模型裡，送到高溫密閉的爐中，燒成了一根碳精絲，然後小心翼翼地把它裝進玻璃燈泡，抽掉了燈泡裡的空氣，再把抽氣口加以密封。一通電流，電燈便亮了，而且光線是那麼明亮、柔和、穩定，成功了！

西元 1879 年 10 月 21 日，世界上第一盞白熾燈誕生了！愛迪生發明的「夜間的太陽」使人類進入了電燈照明的時代，這真是一個偉大的發明！這第一個「夜間的太陽」整整地照亮了 45 個小時，愛迪生的助手們都唱著、笑著，就連聖誕節都

沒有這麼歡樂、這麼熱鬧！當別人問愛迪生為什麼實驗失敗了幾千次，還能夠一如既往地堅持下去，愛迪生面帶笑容地說：「誰說我實驗失敗了幾千次啊，每一次實驗都有收穫，因為我知道了那一種物質不能用來製作電燈啊！」愛迪生就是這樣享受著他「失敗」的實驗成果，最終也如願以償地發明了電燈。

成功的關鍵在於甘願承受比平常人更多的失敗。通往成功的大道上鋪的不是別的，正是無數次的失敗。失敗只是暫時的，失敗是成功的開始。有時，事情會毫無進展，但並非全盤皆輸，相反地，你從一天的問題和困難中學到的東西，遠比從一個月的舒適愉快中學到的要更多。

你越是成功，也許犯下的錯就會越多。一次失敗往往會把你引到成功的路上，而只有失敗過才會到達成功。馬克・吐溫（Mark Twain）在一項專利中損失四萬美元後宣布：「我把這筆錢給了一個我憎恨已久的人，巴不得他全家遭殃。」

每當一些重要事情不如預期，不需要吃驚。從精神角度來看，失敗是上帝在控制不讓你一次取得太多成功，而失敗也能讓你在得到成功後更加珍惜。沒有失敗的人生不值一提，有過多次失敗卻永不放棄的人生才更充滿意義。

人生來就要奮鬥

　　古巴老漁夫聖地牙哥在連續八十四天沒有捕到魚的情況下，終於獨自釣到一條大旗魚，但這條魚實在太大，把他的小船在海上拖了三天才筋疲力盡，被他殺死並綁在小船的一邊。然而，在歸程中，他再次遭到鯊魚的襲擊，最後回港時只剩下魚頭、魚尾、一條脊骨。

　　「人並不是生來要被打敗的，你可以把他消滅掉，然而就是無法打敗他。」這是聖地牙哥的生活信念，厄尼斯特‧海明威（Ernest Hemingway）在《老人與海》（*The Old Man and the Sea*）中熱情地讚頌了人類面對艱難困苦時所顯示的堅不可摧的精神力量。孩子準備和老人再度出海，他要學會老人的一切「本領」，象徵著人類這種「打不敗」的奮鬥精神會代代相傳。

　　在人類的歷史長河中，唯一能夠永恆存在、實現不朽的就是人類的奮鬥精神。奮鬥遭遇的最大障礙就是自身境遇的困境，因此需要有一個明確的奮鬥目標。如果你連自己要去哪裡都不知道，那你就哪裡也去不了。

　　但是，很多時候，因為出身的不同，一樣的生活，有人輕而易舉就能得到，而有的人卻要灑下無數的汗水和淚水才能獲得。這個世界本來就是不公平的，有的人含著金鑰匙出

身，因而他注定要比一般人擁有更多的資源；而有些人出身貧寒，從生下來那一刻就注定他必須一生奮鬥不息：從小就要努力學習，爭取考上好大學；考上大學後又要努力獲得獎學金，而且還要靠假期打工賺生活費，沒有閒暇時間享受大學生活的美好，就連自己喜歡的人也只能眼睜睜地看著她投向別人的懷抱；熬到畢業，好不容易找到一份工作，又要交房租、水費、電費、瓦斯費、電話費等費用，還要償還助學貸款，還要拿孝親費回家，剩下的錢只夠自己吃飯；在社會上苦熬了幾年以後，好不容易存了一點錢，買了房，結了婚，生了子，卻又要面臨新的問題，支付房貸、生活費用、供養子女、孝敬父母……等到終於可以和那些富家子弟一樣坐在咖啡店裡細品咖啡時，才發現自己頭髮已經白了，臉上也爬滿了皺紋，猛然間醒悟，自己用盡了一生，才得以和這些富家子弟坐在相同的地方。

不要去嫉妒那些含著金鑰匙出生的人，雖然他們還是嬰兒時就擁有了令人羨慕的財富，但他們擁有的一切，你都能夠得到。即使你只是一個出生在貧民窟裡的窮人，也能成為璀璨的明珠。無論貧窮富貴，百萬家產或顛沛流離，都要一樣地從容豁達。

成功是屬於每一個人的，雖然夢想的實現需要一定的經濟條件為基礎，但歷史上經常出現這樣的情形：音樂天才很可能是出自一個根本買不起鋼琴的貧寒人家，書法大家的成

長居然是以一根根小樹枝來描畫……所以,一個從貧民窟裡走出來的孩子經由努力奮鬥,也能讓自己的夢想之花盛開。

沒有精美的筆記本,至少我們可以在簡單的紙張上寫下一道道數學題目的答案;沒有昂貴的油彩,至少我們可以用鉛筆勾勒出一幅幅美麗的素描。夢想就是一筆最大的財富,無論你現在是富裕還是貧窮,它都能成為你乘風破浪的雙翼。所以,不要讓夢想因為客觀條件的不如人意而擱淺,因為沒有人天生窘困,掌握住自己,默默地運用你的感覺、力量,努力奮鬥,那些看似遙遠的夢想,很快就會成為現實。

人生不過短短數十年,長不過百載,站在歷史長河的岸邊看,猶如彈指一瞬間、白駒過隙。但在人生的沉沉浮浮、起起落落中,終歸有一個明確的奮鬥目標,即使最終不能事事如意,但畢竟為之努力奮鬥過,此生可以無悔矣!

理想是靈魂的居所

挖掘自己的潛能

在電影《浩劫重生》(*Cast Away*)中，湯姆·漢克斯(Tom Hanks)扮演的查克身為聯邦快遞(FedEx)的系統工程師，因飛機失事掉落在一個小島上。當社會、身分、愛情全部遠離，他嘗試著逃離這個小島，但潮水一次次把他沖回來。他對自己說：「我不能停止呼吸，因為明天，當太陽升起，誰知道潮水能帶來什麼？」

即使命運用了最大的力量來扼住他的咽喉，他仍然告訴自己：只要還保持呼吸，就是一種成功，因為明天，當太陽升起，潮水將帶來無限的可能。

每一個呼吸之間，查克都在向自己的目標接近。很多時候，我們距離成功僅有一步之遙，就是這一步之遙拉開了失敗者與成功者的距離。

大多數人在臨終之時回想起自己的人生，都會感到深深的悔恨。正如米歇爾·德·蒙田(Michel de Montaigne)所說的：人類所體驗到的最大的個人失敗就是，一個人有能力取得的成就與他實際所取得的成就之間的差異。如果你對自己的生活感到不滿意，那麼你一定能夠體會到，未能實現夢想的痛苦將是人生最大的痛苦。

挖掘自己的潛能

某一天，一位老者拜訪阿利‧哈費特時說道：「倘若您能得到拇指大的鑽石，就能買下附近全部的土地；倘若能得到鑽石礦，還能夠讓自己的兒子坐上王位。」鑽石的價值深深地印在了阿利‧哈費特的心中。從此，他對什麼都不感到滿足了。

那天晚上，他徹夜未眠。第二天一早，他便叫起那位老者，請他指教在哪裡能夠找到鑽石。老者想打消他的念頭，但阿利‧哈費特聽不進去。最後老者只好告訴他：「您在很高很高的山裡尋找淌著白沙的河，倘若能夠找到，白沙裡一定埋著鑽石。」

於是，阿利‧哈費特變賣了自己所有的地產，讓家人寄宿在街坊鄰居家裡，自己出去尋找鑽石。但他走啊走，始終沒有找到鑽石。他終於失望，再也沒有信心尋找下去，就在西班牙盡頭的大海邊投海死了。

後來，買下阿利‧哈費特的房子的人，無意間在後院的小河裡發現一塊鑽石，之後又挖掘出了許多鑽石。

如果阿利‧哈費特待在家裡，挖一挖自己的地窖、麥田、花園，他就會擁有自己的鑽石寶地，而不是歷盡艱難困苦，在陌生的土地上盲目地尋尋覓覓，以致最後自殺身亡。這好比千千萬萬的世人，因為沒有意識到自己身上龐大的潛能，而找不到實現目標的方向，結果與夢寐以求的東西擦肩而過。

理想是靈魂的居所

有這樣一組統計資料：一般正常人的大腦記憶容量相當於一部電腦儲存存量的 120 萬倍；世界上記憶最好的人，其大腦功能使用率不足 1%；一個人只需發揮不到 50% 的潛能，學會四十種語言將易如反掌。你的人生並不是缺乏創意，而是你的大腦還在沉睡。潛意識的力量究竟有多強大？八十歲的中風老者可以用枴杖擊退正在攻擊他孫女的歹徒，一個怕狗的母親能擊退一隻威脅她兒子的惡犬，這都是潛能的力量。

人的潛能開發程度決定了其命運。正如哈佛大學第二十三任校長詹姆斯·布萊恩特·科南特（James B. Conant）提到哈佛大學的理念時所說的那樣：對哈佛大學來說，重要的不是培育出七位總統和三十多位諾貝爾獎得主，而是讓來到哈佛的每一塊黃金都能發光。

無論你的潛能將在多長的時間內出現，從現在開始多給自己一點刺激，多一點信心和勇氣、多一分膽略和毅力，使自己身上處於休眠狀態的潛能發揮出來。不要總是埋怨社會埋沒人才，很多時候由於我們自卑、缺乏信心，才造成了自我的埋沒。探測你的潛能礦脈，探測隱藏的自我可能，這將為你的人生帶來巨大的財富。

每個人身上都蘊藏著龐大的潛能，每個人的命運都蘊藏在自己的胸膛裡。只有善於發現自己的人，才能走出命運的迷宮，找到真正的寶藏。

理想是靈魂的棲息地

德國哲學家海德格說：「人在現實中總是痛苦的，他必須尋找自己的家園，當人們透過對時間、歷史、自然、生命的思索，明白了家之所在時，他便獲得了自由，成為『詩性的存在』。」海德格所謂的「精神家園」就是指靈魂的棲息地，對於人類來說，理想就是靈魂生活的棲息地。

人有了理想，就有了靈魂生活，而靈魂生活遠比外在生活更為本質。在靈魂生活領域中，我們直接面對自己，每個人都以最內在深邃的「自我」面對永恆，追問有限生命的不朽意義。

靈魂是看不見、摸不到的，但我們可以相信它是存在的。其實，所謂靈魂，指的是人內在的精神渴望，更準確地說，是促發人類精神性渴望和追求的核心。

靈魂喜歡獨行，靈魂獨行的目標就是尋找上帝。靈魂之所以喜歡獨行，就是因為只有自己尋找，才能找到屬於自己的上帝。

在尋找的過程中，靈魂似乎永遠都不會滿足於現狀，它總是在追求一種更完美的境界。這種對理想境界的渴望是從何而來的呢？柏拉圖（Plato）對此提出了一種解釋：「靈魂必定曾經在一個理想的世界裡生活，見識過完美無缺的美與

理想是靈魂的居所

善,所以當它投胎到肉體中,現實世界裡未必完善的美與善之物,會使它朦朧地回憶起那個理想世界,這既使它激動和快樂,又使它不滿足而嚮往完整的美與善。」柏拉圖還由此得出進一步的結論:靈魂和肉體有著完全不同的來源,肉體會死亡,而靈魂則渴望著不朽。

其實,柏拉圖想說,人的靈魂是渴望向上的,就像遊子渴望回到故鄉一樣。靈魂的故鄉在非常遙遠的地方,只要生命不止,它就永遠思念著、渴望著它的棲息地,永遠走在回鄉的途中。至於靈魂故鄉究竟在哪裡,卻成了一個永恆的謎。我們只能用寓言的方式解說,那是一個像天堂一樣美好的地方。靈魂是我們身上的神性,當我們享受靈魂的愉悅時,我們離動物最遠,離神最近。

釋迦牟尼原本是印度的一個王子,住在宮殿裡,父親疼愛,人民愛戴。在十九歲時,有感於人世生、老、病、死等諸多苦惱,於是決定放棄這樣的生活,出家修行,並最終創立了影響人類社會數千年的佛教。如果釋迦牟尼不放棄王位,以他的福緣與智慧,是不是能成為一個不錯的國王,而且有嬌妻美妾陪伴左右?那樣的生活豈不是比他選擇普度眾生的向佛道路要平坦得多?

魯迅在日本學醫的時候深刻地理解到,拯救靈魂遠比拯救身體重要。雖然醫學即將學成,但他決定放棄,回國從

文,成為一代文豪。如果魯迅不棄醫從文,他也很可能成為一名優秀的外科醫生,那樣的生活豈不是也比他選擇拯救人類靈魂的文學之路要暢通得多?

也許,在任何時代,從事精神創造的人都面臨著這個選擇:是追求精神創造本身的成功,還是追求社會功利方面的成功?前者的判官是良知和歷史,後者的判官是時尚和權力。對於釋迦牟尼、魯迅來說,在原路上堅守也一定會讓他們獲得更大的成功,但他們放棄了社會功利方面的成功,選擇了一條更為艱難、拯救人類靈魂的精神之路。然而,這條道路具有重大的意義,就像魯迅說的那樣,拯救靈魂遠比拯救身體重要。他們在拯救人類靈魂的同時,也完美提升自身的靈魂。

有些人獲得了社會功利方面的成功,他們的成功很快就被歷史遺忘;而有些人獲得了精神創造方面的成功,他們的成功被歷史永遠記住。此外,還有許多優秀的人,他們完全看淡成功,最後也確實與成功無緣。對於這些人來說,歷史既沒有記住他們,也沒有遺忘他們,他們是超越於歷史之外的。

在靈魂領域的追求中,社會功利方面的成功和精神創造方面的成功,都不是我們的主要目標。目標寓於過程,對精神價值的追求本身成了生存方式,至於在追求過程中所獲得的成功,不過是附屬品而已。

理想是靈魂的居所

量力而行是一種智慧

　　米格爾・德・塞凡提斯（Miguel de Cervantes）筆下的唐吉訶德（Don Quixote）是一個不朽的典型人物：這個瘦削的、面帶愁容的小貴族，由於愛讀騎士文學而入了迷，竟然騎著一匹瘦弱的老馬，找到一柄生鏽的長矛，戴著破洞的安全帽，要去做一個游俠，鋤強扶弱，為人民打抱不平。他僱了附近的農民桑丘・潘薩（Sancho Panza）做侍從，騎馬跟在後面。唐吉訶德又把鄰村的一個擠奶女孩想像為他的女主人，為她取名杜爾西內亞（Dulcinea）。於是，他以一個未正式授封的騎士身分出去進行冒險事業，他完全失去對現實的感覺，陷入了漫無邊際的幻想中，形而上地對待一切、處理一切，因此一路闖了許多禍，吃了許多虧，鬧了許多笑話。最後，輾轉回到家鄉時，他已一病不起。

　　唐吉訶德是一個「永遠前進的形象」，他的名字已經變成一個具有特定意義的名詞，成了脫離實際、耽於幻想、主觀主義的同義詞。

　　人要有遠大的志向，但朝著目標邁進的時候要量力而行。

　　志向遠大而心神疲勞，任務重大而力量弱小，往往會難以成事，達不到自己的目標。

　　人的一生想要走向成功，必須有自己的目標。如果沒有

量力而行是一種智慧

目標，便猶如大海上沒有舵的帆船或看不到燈塔的航船，會在暴風雨中迷失方向，無論怎樣奮力航行，終究無法到達彼岸，甚至船破舟沉。有的人一生忙碌，但一事無成，就是因為沒有目標，導致人生的航船迷失了方向。即便設定了目標，在實現夢想的過程中要量力而行。如果在追夢的過程中心有餘而力不足，便要審視自己的目標是否可行，自己的選擇是否有偏差。如果目標與方向沒有錯，就應該朝著既定的目標前行，努力實現目標。

人生地圖上的路有千百條，選擇什麼樣的路，應當量力而行。只有量力而行的睿智選擇才會擁有更輝煌的成功，中途可以休息，但絕不能放棄。

有一天，烏鴉和豬一起坐飛機。豬聽見頭等艙的烏鴉對空姐說：「小妞，過來，有酒嗎？」遭到空姐禮貌地拒絕後，烏鴉大聲說：「連這個都沒有，還開什麼飛機？滾！」

豬覺得烏鴉太厲害了。豬也模仿說：「小妞，過來，有酒嗎？」空姐同樣很有禮貌地拒絕了豬。豬也大聲說：「連這個都沒有，還開什麼飛機？滾！」

五分鐘以後，飛機艙門打開了，豬和烏鴉都被從五公里的高空中扔了出去。

這個時候，烏鴉對豬說：「怎麼樣，我有翅膀，你有嗎？」

「成為焦點」固然無限風光，但絕不是每一個人都可以實現的，「心想事成」只不過是美好的願望。有信心是重要的，

但有信心不一定會贏，而沒信心卻一定會輸。人生的學問，其實就是「量需而行，量力而行」。

想要獲得快樂的人生，就不要行色匆匆，不妨停下腳步，暫時休息一下，想一想自己需要什麼、需要多少。想一想有沒有這樣的情況：有些東西明明是需要的，卻誤以為自己不需要；有些東西明明不需要，卻誤以為自己需要；有些東西明明需要得不多，卻誤以為需要很多；有些東西明明需要很多，卻誤以為需要極少……

也許，我們平時會把某個目標定得很高，但真正實施起來還是要量力而行，不能為了所謂的面子或者其他原因勉強自己，這樣做的結果多半是讓自己後悔不已。在明知自己可能做不到的情況下，還要固執地前行，這不是執著，而是愚蠢。

我們都不是天才，更不是能力挽狂瀾的偉大人物，絕大多數人可能只是普通人，許多事超過我們的能力範圍，當然不能做一個不自量力的傻瓜。心有餘而力不足，其實不是特別難堪的事情，就算是偉人也一樣會有自己解決不了的問題。量力而行是一種智慧，是對自己與周圍環境最深刻的了解，用最少的力量取得最大的成績。

聆聽本性

聆聽本性

人能失去的只有現在

有一天晚上,毛拉的幾個鄰居回家時發現,他正在自家門口的街燈下面挖著什麼。一個鄰居問:「毛拉,你究竟在挖什麼?」

「我在找我弄丟的鑰匙。」毛拉回答。很快地,所有鄰居都開始幫他挖掘街燈下面的泥土,尋找那把鑰匙。過了不久,一位鄰居說:「我們已經找了一段時間了,但還是找不到。毛拉,再回想一下,你最後一次用鑰匙是什麼時候?」

毛拉回答:「呃,我把它丟在房間裡什麼地方了,但我不知道是哪裡。」

「什麼?」鄰居大惑不解,「那我們為什麼要在這裡挖?」

毛拉回答:「為什麼?因為房間裡太暗了。難道你看不出來這裡的燈光比房間裡要亮得多嗎?」

這一則寓言既逗人發笑,也引人深思。事實上,這一則寓言暗喻了人們總是把希望寄託於未來,而遺忘了現在。正如毛拉不會在他家門外找到鑰匙,我們也無法在未來世界中尋到幸福與愉悅。幸福的鑰匙是鎖在此刻的,儘管這裡有時候非常黑暗。

世人時常掉進未來的陷阱,我們經常會想,當達到某一

個新境界時,就會有成就感,得到安寧並迎接幸福;當達到某一個目標時我們可以得到平靜。我們告訴自己,大學畢業後,或是在找到好工作、賺很多錢、建立了家庭、有了孩子之後,或在達到一些其他人生目標時,這些就會實現。但大多數情況下,當我們到達了目標之後沒多久,就會回到基本的幸福感上。如果我們經常焦慮或緊張,那就算是達成了某些目標,不用多久,那些焦慮和緊張又會出現了。

人們通常有一種控制未來的欲望。結果,他們就總是活在未來。他們寧可活在緊張、充滿假設性的未來,也不願意活在平靜、真實的現在。如果我考試考不好怎麼辦?如果我無法升遷怎麼辦?如果我無法支付房貸怎麼辦?如此一來,人們無法享受當下,反而讓擔憂籠罩了未來的一切。

還有一些活在過去的人,他們一樣無法經歷當前的事物。我們行走於人生的路上,會遇到許多事情,其中有些事情是自己無法選擇的,但這些事情組成了我們各個人生階段的生活,左右著我們每時每刻的心情。我們很容易把自身遭遇的事情看得十分重要。於是,我們不斷地把不好的過去在腦海裡重複播放:為什麼努力經營的感情總是歸於失敗?為什麼這樣努力工作還是如此低的待遇?為什麼幸福總是那樣短暫呢?由於這些人總是沉湎於過去的陰霾與輝煌,所以他們只能在過去的陰影中止步不前。

聆聽本性

　　每個人所失去的不會是別的什麼，只可能是他現在的生活；每個人所享有的也不是別的什麼，也只是他現在的生活。無論壽命長短，這一項真理都同樣適用。雖然每個人的過去並不一樣，但每個人的現在都是平等的。往事都是過眼雲煙，逝去的歲月如白駒過隙。對一個人來說，無論是過去的歷史還是未來的歲月，都是奪不走的，既然是一個人未曾擁有過的東西，怎麼可能被別人搶走呢？

　　所有來自永恆的事物都是外在的形式而已，而且以循環不斷的形式出現。無論是在一百年後還是在兩千年前，乃至在不加限制的時光歲月裡的一切事物，本質上都是相同的，並無二致。尚在人世的長壽者與即將離開人世的人，所失去的東西完全一樣，因為只有當下才是可能被奪走的東西。

　　人生沒有過去，因為過去已經成為歷史；人生沒有未來，因為未來飄忽不定，無法掌控；唯一擁有的就是當下這一瞬間。因此，我們無須再為以往的過錯而悔恨，也無須對並不屬於我們的明天翹首盼望。我們只需要把握好當下，過好當下，自然會獲得完美的人生。

認識自己是最困難的事

斯芬克斯（Sphinx）是希臘神話中的人面獅身怪獸，牠坐在底比斯（Thebes）城附近的懸崖上，向過路人提出一個謎語：什麼東西早晨用四條腿走路，中午用兩條腿走路，晚上用三條腿走路？如果路人猜不出，就將其吃掉。後來，伊底帕斯（Oedipus）猜出了謎底：人。斯芬克斯羞慚地跳崖而死。

斯芬克斯之謎幾乎難倒了所有凡人。是的，人生於世，如逆旅之過客，匆匆中，或奔波，或安享，或茫然，或奮進，真正認識自己的又有幾人呢？

其實，伊底帕斯對斯芬克斯之謎的解答是表象的，即他並沒有真正地解開斯芬克斯之謎。對於今天的我們來說，德爾菲神廟前石碑上鐫刻著的「認識你自己」仍然是一個謎，仍是橫亙在當代人類面前的一個嚴峻課題。

也許，你會感到納悶，難道我還不認識自己嗎？我應該是最了解自己的人呀？恰恰相反，我們感覺最熟悉的東西通常是最難理解的。人是萬物之靈長，人是宇宙的奧祕。但「人是什麼？」這個問題也許比最深奧的數學原理更難以解釋。

與「人是什麼？」這個問題一樣，追問人生的意義同樣是

一個非常困難的問題。理性主義的哲學觀認為，世界是一個有規律、有邏輯、有意義的客觀存在，人是宇宙的精華，可以認識自己、認識世界、戰勝自然，從亞里斯多德（Aristotle）到黑格爾（Hegel）都是持此種觀念。

然而，伴隨著工業文明的到來以及人類知識的進步，對理性主義的打擊也紛至沓來：首先是尼古拉・哥白尼（Nicolaus Copernicus）的日心說，發現主宰世界的人只不過是茫茫宇宙中一顆小行星上的塵埃；接著是查爾斯・達爾文（Charles Darwin）的進化論，宣布人並非是由上帝創造，而是由猴子演變進化而來；繼之以西格蒙德・弗洛伊德（Sigmund Freud）的精神分析學說，宣告人連自己都認識不了，更主宰不了自己。在三次沉重的打擊之下，經營了千年的理性主義轟然倒塌，令人目瞪口呆。於是，阿圖爾・叔本華（Arthur Schopenhauer）、尼采、沙特等人進一步提出了荒謬哲學，認為人的存在並沒有合理性，只是選擇的結果。人的存在是偶然的，人有思想是偶然，那麼我們是誰，我們的意義何在？經過數千年的爭論，我們又回到了起點。

當然，我們並不是強調人生的偶然和無意義，但是哲學的思考確實會對我們認識自己有所裨益。在生活中，也許你是一位成功人士，事業有成，家庭幸福。可是有一天，一陣莫名的空虛突然侵襲，你感覺自己無所依傍，從前所追求的一切突然都失去了意義。你忍不住問：「我到底怎麼了？」

認識自己是最困難的事

也許,你一直平平淡淡,毫不引人注目,平庸麻木的生活早已消磨掉你的銳氣和志向。然而,當你看到那些成功人士時,仍然會心存茫然。你會忍不住問:「我到底怎麼了?」

正是對於「自我」的追尋,才能使你撥雲見日,看到真正的自我,讓生活充滿意義。真正認識自己,是人生全部意義的正確出發點,是決定我們生命品質能否達到幸福境界的根本基石。

真正的認識自己,是一次永無止境的智慧昇華和離苦得樂的生命之旅。我們應該清楚地意識到我們所受苦難的根源就是,我們不能清楚地認識自己是誰,只是盲目地攀附、追求那些不能代表我們的東西,從而使自己陷於痛苦不幸的淵海而無法自拔。當死亡來臨的時候,將把所有不能真正代表我們的東西席捲一空,而真正的你不會隨時間、甚至死亡而改變。

每個人都是獨一無二的個體,都應該認清自己的獨特稟賦及價值。不要自以為是,高估自己,盲目驕傲,做出超出自己能力的事;也不要低估自己,輕視自己,不去發掘自己生命稟賦的潛能。

當人知道了自己從何而來,將向何去,他就不會迷失自我,反而能夠合理地利用自己的角色,在現世確立清楚的生命方向,活出生命的意義及價值。如此一來,哪怕是辛苦操勞,也會為自己和大家帶來仁愛、和諧、喜悅、幸福……

聆聽本性

還原真實的自我

莊子與惠施在濠水的橋上遊玩，見水中魚兒悠然戲水，莊子說：「你看魚兒在水中是多麼快樂呀。」惠施反駁道：「你又不是魚，怎麼知道魚快樂不快樂？」莊子回答說：「你又不是我，你怎麼知道我不知道魚快樂不快樂？」惠施很機敏，他立刻利用莊子的邏輯反駁莊子：「我不是你，當然不會知道你。但是有一點很清楚，你也不是魚，所以你也不可能知道魚是否快樂。我們用不著再爭論了。」

「你又不是魚，怎麼知道魚快樂不快樂？」惠施的反駁道出一個真相：只有自己是最了解自己的。一個人快樂與否，只有自己最清楚，他人並不能真正讀懂。

在生活中，人們常常以經過偽裝的虛假形象生活著，並出現在世人面前，就像一位演員扮演了一個與他的性格不一致的角色。有時候，我們難免不由自主地說一些言不由衷的「違心之論」，以避免對他人不必要的冒犯；穿我們不喜歡、不欣賞的流行服裝，承擔我們別無選擇卻必須去做的工作等，這就是從眾的壓力。

可以毫不誇張地說，幾乎每個人都曾處在強大的從眾壓力之中，這種壓力有時明顯，有時隱蔽，卻始終存在。思考上的「從眾慣性」，能使人有歸屬感和安全感，能夠消除孤單

還原真實的自我

和恐懼等有害心理,也是一種比較保守的處世態度。跟隨著眾人,如果說得對、做得好,自然能分得一杯羹;即使說錯了、做得不好也不要緊,無須自己獨自承擔責任,況且還有「法不責眾」的習慣原則。所以,很多人願意採取「從眾」這種中庸的處世方式。然而,從眾行為付出的代價並不會比單獨行動少,尤其是當從眾意味著依照與「真實自我」相衝突的方式行動的時候,更是如此。在這種情況下,你在世人面前不得不創造一個「虛假的自我」,以此來掩蓋你自己真實的面目。

如果你的內在自我是強大的,有衝破世俗的勇氣,你就會按照自己的願望和思想做出選擇,而不使你真實的自我受到損害。但是,如果你的內在自我是軟弱的,在外部的壓力下會退縮,那麼你就極有可能做出違心的選擇,失去真正的自我。

對於個人來說,失去自我所引發的後果將是災難性的,因為如果你總是試圖從外部尋求怎樣思考、怎樣感覺、怎樣行動的提示,而不以自己的主觀意志去感覺、去思考、去判斷、去行動,逐漸地,就會變得越來越沒有安全感,沒有正確的自我價值觀,形成事事依靠他人的壞習慣,一旦離開他人的指點,你就會不知所措。在這樣的情況下,你呈現給世界的自我是經過精心偽裝後的自我,而不是真正的自我。沒有真正的自我來指導你的選擇,並把它建立在真正被愛的基

礎上，你就不可能與他人建立起成熟的感情關係。建立在虛假自我基礎上的關係，只是虛假的關係，這種關係將流於表面，而且極不穩定。

　　人的自我感是很重要的，缺乏自我感的人，難以成為有獨立個性的真正意義上的人。真正的智者是高聳的山川，扎根於腳下堅實的土地，他們獨立的心執著地向著高遠的天空出發，並且始終保持遺世獨立的姿態，在無人企及的高度摘取智慧的果實。只有擺脫虛假的自我，努力強化自我感，才能還給自己一個真實的自我，享受到自我實現的歡愉。

用記憶見證逝去的價值

　　《麥迪遜之橋》(*The Bridges of Madison County*)向讀者描述了一段極具浪漫色彩的婚外情故事，但是在愛情與責任的選擇中，法蘭西斯卡 (Francesca) 選擇了責任，與攝影師羅伯特・金凱 (Robert Kincaid) 痛苦地分手。羅伯特去世後，法蘭西斯卡收集了他所有的作品。當得知羅伯特的死訊，並收到了他的項鍊和手鐲及當年約定在橋頭的紙條後，她把它們放在木盒中，每年生日翻看一次。法蘭西斯卡依靠對往事的回憶，度過了餘生。

　　人們常常認為往事如流水，會隨著時間的沖刷而付諸東流。但人生中有些往事是歲月帶不走的，彷彿愈經歲月沖刷就愈加鮮明，始終活在我們的記憶中。我們生前守護著它們，死後便把它們帶入了永恆。

　　人在世界上行走，在時間中行走，無可奈何地、不由自主地就會迷失在自己的行走中。有很多美好的事物，我們極力挽留卻終究只是一場空。但是，我們還擁有一件至寶——記憶，我們可以用記憶來留住逝去的人和事。

　　不過，生活中的人們總是忙碌著一些外在的事務。這種日子缺乏內在的連續性，是斷裂的。逝去的歲月如同一張張底片，雜亂無章地堆積在暗房裡，永無見天日的機會。

儘管它們仍在那裡，但這和我們永遠失去了它們又有什麼區別呢？

其實，人生中很多事情都需要記憶來做裁判，人生中有些事情看似很小，但可能帶給我們很大的煩惱與痛苦，因為離得太近。人生中有些經歷很重要，但我們當時並不在乎，這是因為距離太近。當距離太近時，小事也會顯得很大，使得大事反而顯不出大了。隔開一定的距離之後，事物的大小、輕重就會明顯地表露出來。

記憶是每個人唯一能夠留住的財富，這些財富僅僅屬於個人，任何人都無法劫掠，也無法轉讓給任何人。不管兩個人的關係如何親密，人的記憶對於另一個人來說，永遠是異己的東西。

可是，這並不意味著記憶是可靠的財富。相反地，它幾乎不可避免地變質、流失。在最好的情況下，則會如同有生命之物一般，生長成一種新的東西。

記憶是對往事的加工。一件往事經過無數次回憶，就會變成記憶的無限次方，其中摻雜著我們對過去的情感元素。這就是為什麼我們總是覺得曾經嘗過的某一種點心最香甜，曾經聽過的某一首曲子最美妙，曾經的初戀最美好。逝去的事件在回憶中獲得了一種當時並不具備的意義，這就是時間的魔力。

用記憶見證逝去的價值

人生中一切美好的時刻,我們都無法留住。因此,人的生活是否精采,並不在於他這一生留住了多少珍寶,而在於他有過多少想留卻沒有留住的美好時刻,正是這些美好時刻組成了生活中流動的盛宴。留不住是人生的一種悲哀,從來沒有想留住的珍寶卻是人生更大的悲哀。

消逝,是人的宿命。但是,有了懷念,消逝就不是絕對的了。人們用懷念來挽留逝者的價值,證明自己與古往今來的一切存在都是息息相關的。失去了童年,我們還可以保持一顆童心;失去了青春,我們還有愛的能力;失去了歲月,我們還有歷史和智慧。一個不懂懷念的人,與草木又有何區別呢?

然而,在這個日益繁忙的世界上,人們已經越來越沒有時間、沒有心情去懷念了,那種「剪不斷,理還亂」的情思早已被人們梳理順暢。否定懷念甚至被樹立為一種時尚、一種美德,而懷念則被貶為弱者和落伍者的特質。人心如同湍急的流水,晝夜不停地奔赴江海。可是,如果我們忘掉源頭,又該如何校正航向?如果不知道自己究竟從哪裡來,我們又如何知道向哪裡去呢?

對於那些逝去的感情事件,無論是痛苦還是快樂,無論它們曾經如何使我們激動不已,間隔久遠的時間再回頭看,這些記憶都是美麗的。而且,我們還會發現,痛苦和歡樂的

差別並不像當初想像的那麼大。歡樂的回憶中夾雜著憂傷，痛苦的追念中滲透著甜蜜，兩者都同樣令人惆悵，但也同樣令人愉悅。

只有珍惜往事的人才真正在生活。珍惜往事的人一定會懂得珍愛生命，對時光流逝無比痛惜，因而會懷著一種特別的愛意，把自己所經歷的一切珍藏在心靈的寶庫中。

藝術是對美的追求

萊茵河，德國的父親河，在河畔有一塊著名的羅蕾萊岩石，關於這塊岩石流傳著這樣一個故事：羅蕾萊（Lorelei）是萊茵河神的女兒，白晝潛伏水底，夜間現身高坐在礁石上，瞭望往來的船隻。她那迷人的歌聲隨風吹入船上水手的耳中，可憐的水手們便會迷失本性，忘記工作，直到他們的船撞在羅蕾萊礁岩上粉碎而死。

美的力量可以致人死亡。美是如此脆弱，如此稍縱即逝，可是它卻能令人迷亂癲狂，赴湯蹈火，乃至拋卻生命。在美的面前，誰不想縱身一跳，與它合為一體，甚至淹死在其中呢？

海因里希·海涅（Heinrich Heine）流亡巴黎時，貧病交加，久患的脊髓病已經開始迅速惡化。懷著一種不祥的預感，他拖著艱難的步履，到羅浮宮去和他所崇拜的愛情女神告別。一踏進那間巍峨的大廳，看見屹立在臺座上的維納斯雕像，他就禁不住嚎啕痛哭起來。他躺在雕像腳下，仰望著這個無臂的女神，哭泣良久。這是他最後一次走出戶外，此後癱瘓在床八年，於五十九歲溘然長逝。

海涅怎麼能不哭泣呢？因為美是如此令人心碎，人類的語言又是如此貧乏無力。在這個世界上，除了藝術，還有什麼能夠把美留住呢？

藝術是一朵不結果實的花，正因為不結果實，更能夠顯出它的美，它是以美為目的的美。藝術家嘔心瀝血以使瞬息的美感常駐，他們在創造的過程中品味到了造物主的歡愉。

其實，每個人都會產生那種奇妙的瞬間感受，大多數人卻抓不住，因為瑣碎的生活洪流把他們疾速地沖到前方，他們還沒來得及去回味和體驗。有些人抓住了，但無法賦予其正確的形式。只有很少人既能抓住，又能賦予形式，這也正是天才與一般人的區別。藝術家最容易受到美的事物誘惑與感染，有著最強烈的占有美的欲望。但是，美是無法占有的，因為一旦占有，美感就會隨之喪失。藝術家被這種無法滿足的欲望逼到了絕路上，於是才走向藝術，以象徵的方式占有美。所以說，藝術家是被逼上象牙塔的人。

儘管藝術家對美如痴如醉，但作為一個藝術家，卻不能失魂落魄地成為美的奴隸。當然也不能以旁觀者的身分對美袖手旁觀，他必須要駕馭美，賦予美以形式，並藉此成為美的主人。

現代人常常面臨著在藝術和功利二者之間的選擇。藝術的生存方式注重對生命的體驗和靈魂的愉悅，而功利的生存方式注重對物質的占有和感官的享樂。兩者相比較而言，藝術為沒有信仰的現代人提供了一種真正的精神補償。這對於熱愛人生、卻又為終極關切苦惱著的人們來說，藝術的確是最好的慰藉。

藝術是對美的追求

在一切精神創造中，靈魂的創造永遠是首要的。藝術是靈魂尋找形式的活動，如果沒有靈魂的需求，就失去了尋找形式的動力與意義。平庸之輩之所以不去尋找真正適合自己的形式，根本原因就是自己的靈魂沒有需求。

藝術是需要創新的。對於一個真正的詩人來說，詩歌是靈魂的事業，是內在精神過程的一種表達方式。靈魂中發生的事情必然是最具個性和最獨特的，所以不得不尋求相對應最有個性、最獨特的表達方式。

對於一個藝術家來說，不僅要有真實、豐富、深刻的靈魂生活，還要為自己的靈魂生活尋找恰當的表達方式。靈魂生活所達到的高度決定了人們作品的精神價值，靈魂生活表達方式所達到的高度決定了他們作品的藝術價值。如果說靈魂生活是藝術中的真，那靈魂生活的表達方式就是藝術中的美。在藝術中，美是以真為前提的，一種形式倘若沒有精神內涵就不能稱之為美。因此，一個美女寫真集不能稱之為藝術，而一幅滿臉皺紋的「父親」肖像也可以是偉大的藝術作品。

好的藝術家就像一個好女人或好男人一樣純淨，這是一種成熟的單純，是一種有深度、有力度的單純。他們不僅能夠不斷地豐富自己，卻又不為時代的五光十色所汙染，不為成敗所動搖，既能耐得住寂寞，也能耐得住喧囂，始終保持自己獨特的本色。

聆聽本性

幸福的感受

幸福的感受

不同層次的需求

一個還沒填飽肚子的人，不會對其他需求有所奢望。而一旦飢餓需求被滿足，「安全需求」便出現了。人們需要遠離痛苦和恐懼，需要規律的生活以感到世界是恆常有序的。

安全需求得到滿足之後，緊接著就是愛的需求。具有適當程度安全感的人，比如說擁有固定的居所和穩定的收入，就會開始覺得非常需要朋友、愛人、妻子、孩子，以及在群體中所處的恰當位置。嬰兒是天性的代表，一個嗷嗷大哭的嬰兒，無論你給他任何一樣吸引目光的東西，或是如何親暱地逗他開心，他都不會理睬，因為他此時需要的只是能夠依偎在母親懷裡吃奶而已；一旦嬰兒吃飽了，他就會產生各種需求，他會伸著小手讓大人擁抱，他也會伸手向你索要周圍的各種新奇物品……

一旦愛的需求被滿足，尊重的需求便顯露出來了，即需要某種建立在穩固堅定基礎之上、對於自我的高度評價，包括自尊及受到他人的尊敬……最後，自我實現的需求出現了，即成為你所能夠成為的那個人。對於某個人而言，可能希望成為一位理想的母親；而另一個人可能想成為一名歌手；還有人可能想成為一名藝術家等。

需求是人存在的固有元素，人不僅有生理的需求，還有

不同層次的需求

心理的需求。環境必須滿足這些需求,否則就會出現身心疾患。這些需求是人類的基本需求,就像人需要鹽、鈣、維生素一樣。如果這些需求被剝奪將會造成人的病態、衰弱,或者影響發育;如果這些需求得到滿足就可以使身體健康,可以治療由需求被剝奪而造成的疾患。

這些基本的需求和價值之間是互相關聯的。在人的發展過程中,這些需求具有一定的層遞結構,在強度和優先性方面有一定的順序。一般來說,對食物的需求是最強的;其次是安全需求,這是一種較優先、較強、較迫切、較早出現和較有活力的需求;最後是諸如愛等其他方面的需求。所有這些需求都可以被看作是趨向整體自我實現的各個不同階段,都可以被歸於自我實現之中。

在我們的文化領域中,自私具有貶義色彩,其詞義並不受歡迎,被人排斥。與此相反,無私則是美德的象徵,其詞義令人心悅。但我們不應該對問題有偏見,不應界定自私和無私究竟誰好、誰壞,除非我們已經查明事實確實如此,因為在某些時候自私可能是有益的,但在某些情況下也可能是有害的。同樣地,無私的行為在某些情況下是好的,而在另一些情況下則可能有害。

當一個情感健康的人在行為上顯得無私時,其根源通常由於他的基本需求得到了滿足,從而表現出豐富的感情。也就是說,他的行為是源於內心充實而不是貧乏。而一個精神

病患者自私的舉動，通常是受到被剝奪感驅使的產物，其表現有恐懼感、不安全感、內心貧乏感。

我們常常在報章雜誌上看到某某慈善家大張旗鼓地創辦慈善基金會，慈善家之所以醉心於慈善事業，正是因為他的豐衣足食，無論是物質上還是精神上都是富足的，所以我們說慈善家是大公無私的；我們也時常看到某某乞丐為了搶奪食物或「領地」而拳腳相向，我們會認為乞丐是自私的，乞討來的東西還你爭我奪，然而一個連自身溫飽都無法保障的人，又哪有精力去培養品格呢？

「自私」常常與情感上感到不安全有關，「無私」則可能意味著在感情上感到安全，意味著自我實現和心理健康。由此，我們可以認為無私是內心充實或者基本滿足的表現，而自私則說明以前或現在不滿足和內心貧乏。

所以我們說，無私是心理富足的表現，而自私則是心理貧乏的表現。

嫉妒是愛情的組成部分

希臘悲劇作家尤里比底斯（Euripides）講述了這樣一個神話故事：

年輕的希波呂托斯（Hippolytus）是雅典王忒修斯（Theseus）與亞馬遜（Amazons）女王的兒子，全心信奉貞潔的狩獵女神阿提密斯（Artemis），對生活中的性與愛不屑一顧，這讓愛神阿芙蘿黛蒂（Aphrodite）十分不滿。

在憤怒與嫉妒之下，阿芙蘿黛蒂讓希波呂托斯的繼母菲德拉（Phaedra）愛上了他。菲德拉向希波呂托斯求愛，被憤怒的希波呂托斯堅決拒絕後，羞愧自殺。

在臨死前，她向丈夫誣告希波呂托斯企圖玷汙她。忒修斯聽了大為震怒，便請求海神波塞頓（Poseidon）派一頭大公牛撞倒希波呂托斯的馬車。受驚的馬狂奔起來，希波呂托斯被撞死在岩石上。

阿芙蘿黛蒂曾經宣稱：「凡是因為驕傲與頑固，不理睬我、藐視我的人，我一定要為他降下麻煩。」這就是嫉妒。我們總是擔心別人奪走我們的東西，在這個名為《希波呂托斯》（*Hippolytus*）的故事中，呈現了嫉妒的標準模式──三角關係，三個角色分別是兩位女神和一個凡人男子。

我們總以為嫉妒是一種可以用理智和意志控制的情緒，

於是努力去控制它，卻罕有成效。心靈猶如一個競技場，其中進行的各種搏鬥，遠遠超出了理性可以控制的範圍。嫉妒令人無法抗拒，因為它並不僅是一種表象，它的出現更代表著心靈深處的鬥爭。嫉妒心蠢蠢欲動時，即使個性複雜、心思細膩的人，也會流露出清高、道德至上的一面，嫉妒心總要我們滿足心靈新的需求。

然而，嫉妒心同樣可以讓我們受益，成為滋養心靈的「毒藥」。自然的嫉妒能促發愛的表現。瑞典作家奧古斯特·史特林堡（August Strindberg）所著的《婚姻的悲喜劇》（Getting Married）其中一位女主角曾開導她的女婿，如何才能驗證妻子是否愛他，以及如何喚起她的愛情。她是這樣說的：「有一個行之有效的古老方法，那就是激起她的嫉妒心。這是一個立竿見影的方法，如果她的愛情還沒有熄滅，在這種情況下總是會表露出來的。」

嫉妒感就其細膩而文明的表現而言，乃是一種純潔的隱痛，一種完全互相融合的願望，以及由於這種願望無法實現而為愛情幸福帶來的一絲哀愁。這種深藏在意識中的潛在憂慮，使親密之誼的感受變得更加寶貴。

嫉妒心只要堅持高尚情操的立場，就不會導致猜疑、侮辱、暗中監視、互相仇恨等行為，也不會造成煩惱、對意中人不信任的氣氛。它只意味著由於失去交往的分分秒秒而感到傷心和惋惜，由於意識到可能失去親密的愛人而感到潛在

的憂慮，渴望親密的關係永遠圓滿。這種嫉妒是愛情的一個組成部分。

在希臘神話中，嫉妒心最重的當數宙斯的妻子赫拉（Hera）。她的丈夫總是有層出不窮的婚外情，所以她總是有吃不完的醋。她並不是一位母儀天下、撫慰眾生的天后，也不是美貌絕倫的絕世佳人，而是一名遭受背叛、心懷憤懣、脾氣乖戾的妻子。宙斯的情慾是他統御世界的基調，而赫拉的暴怒則是她表達嫉妒的方式。赫拉的妒火與宙斯的權力一樣，支撐著世間的生命和文化。

嫉妒的感覺與婚姻中的依賴性密切相關。如果我們不珍惜真誠的伴侶關係，婚姻也會淪為一般意義上的同居。夫妻兩人會朝兩個極端發展：追求獨立的那一個，會越來越嚮往自由；而依賴性較強的那一個，則會飽受妒火的煎熬。

相傳，人類的疾病是由哪位神所降下的，就要由哪位神來治療。如果要治療嫉妒這種疾病，就要去尋找赫拉，因為她對嫉妒的了解比誰都深。如果我們要喚起赫拉的精神，就必須全盤接受她的特質，包括她的嫉妒之心，以及她身為人妻時，偶爾會產生的自卑感和依賴感。

只有這樣，赫拉才能得到應有的尊敬。強烈的、讓我們難以抗拒的嫉妒，往往是赫拉遭到漠視的表現，或許正是透過嫉妒心，親密關係和性愛才能得以實現。

幸福的感受

幸福蘊藏在平凡的生活中

俄國著名作家列夫・托爾斯泰（Leo Tolstoy）的代表作之一《安娜・卡列尼娜》（*Anna Karenina*），講述一個名叫安娜的女人追求愛情的悲劇故事：安娜的丈夫亞歷山大・卡列寧（Alexei Alexandrovich Karenin）其貌不揚，在官場中卻地位顯赫，是一個「完全醉心於功名」的人物。他根本不懂什麼是傾心相愛的感情，只是認為自己和安娜的結合是神的意旨。安娜因為無法體會丈夫的溫暖而備感苦悶。一次偶然的機會，安娜在舞會上與佛倫斯基（Alexei Kirillovich Vronsky）結識並相愛，安娜如痴如醉地愛著佛倫斯基。然而，安娜的偏執與猜忌卻讓佛倫斯基不堪重負，並對她若即若離。同時，安娜也把自己弄得筋疲力盡，出於絕望和報復的心態，最後安娜在火車站的鐵軌前，讓呼嘯而過的火車結束了自己無望的愛情和生命。

安娜的悲劇不僅是由當時的社會背景造成的，更與安娜自身對情慾的放縱有很大關係。安娜為了結束那種平庸苦悶的生活，把對生活的所有激情都寄託在對佛倫斯基的感情上，以至於稍有風吹草動她都感到不安，甚至覺得恐懼，害怕失去佛倫斯基，最後把自己折磨得筋疲力盡，在絕望中死去。

在繁華的都市中，現代人正面臨著這樣一種困境：對工

作、對愛情、對生活等等的厭煩。這樣的厭煩使得都市人的生活變得灼熱，無聊而又乾枯，猶如在沙漠中的遠行。至於富裕有錢、可以自己選擇生活方式的人們，他們所遭受的更是特別難以忍受的厭煩。於是，都市人選擇了從一個極端走向另一個極端，不斷地追尋一種充滿興奮的生活，美其名曰「激情」。這種充滿興奮的生活帶來的只是一時的快感，最終使現代都市人成為更嚴重的厭煩的犧牲品，陷入空虛的深淵。

　　過度充滿興奮的生活往往會使人筋疲力盡。在這種生活中，人如果獲得連續不斷的強烈刺激，就會產生戰慄狂喜，有些人認為這就是快樂的主要成分。習慣於過度興奮的人，就像對辣椒有著過分嗜好的人一樣，最終對於足以使任何人窒息的大量辣椒，他甚至無法品嘗出一絲味道。如果要避免過度的興奮，一定限度的厭煩是不可缺少的，過度的興奮不僅有害健康，而且會削弱對各種快樂的欣賞能力。機靈代替不了智慧，驚詫也不是美感，興奮更滿足不了身心的需求。

　　當然，適量的興奮是有益身心的，但與一切事物一樣，問題就在於是否適量。量變往往會引起質變，數量太少會引起人強烈的渴望，數量太多則會使人疲憊不堪。例如，適量的鴉片可以用於手術麻醉，然而一個吸食鴉片成癮的人沉浸於其帶來刺激與「享受」時，也犧牲了自己的健康；適度的性愛讓人身心愉悅，但是一個縱慾過度的人在享受性愛的歡愉過後，隨之而來的則是身心的空虛乃至沉淪。

幸福的感受

在現實生活中,真正的快樂並不多,大多數人們過的是一種偽快樂的生活。有許多快樂一旦停止,就會使人感覺無聊、不滿,渴望著什麼,卻又不知道自己究竟要什麼,因而追求興奮的欲望也隨之越來越強烈,身心也就越來越痛苦。試問這種快樂是你想要的快樂嗎?是真正的快樂嗎?能帶給我們真正的幸福嗎?與其在偽快樂中麻木、迷失自己,不如適時享受這種令人厭煩卻平靜安逸的生活。

一切偉大的著作都會有令人厭煩的章節。試想一下,如果一本小說從頭至尾每一頁都是扣人心弦的章節,那麼它肯定不會是一部偉大的作品。任何一個偉人的生活都有無聊乏味的時候,他們的一生除了某些輝煌的時刻以外,大部分是平凡的日子。正所謂「偉人也是平凡人」,偉大與平凡,只是相對而言,平凡映襯出偉大,偉大是在平凡中孕育出來的。

蘇格拉底時而會出席宴會,但他一生中大多數時間還是靜悄悄地過著瑣碎平淡的生活;伊曼努爾・康德(Immanuel Kant)在其一生中,從未離開柯尼斯堡十英哩以外;達爾文在周遊世界以後,便在他自己家裡度過餘生;卡爾・馬克思(Karl Marx)雖然發動了幾次革命,爾後即在大英博物館度過了他的一生。無聊與厭煩是生活的陪襯品,我們不應該竭盡全力去擺脫這一切,而是應該試著去享受平靜安逸的生活。

幸福生活在相當程度上必定是一種寧靜安逸的生活,因為只有在寧靜的氣氛中,真正的快樂幸福才得以存在。

存在缺憾的人生才是完整的

　　沙灘上撒滿了漂亮的貝殼，像一張閃亮的大毛氈。我們懷著欣喜去撿拾，卻發現遠處的那枚總比自己手中的漂亮，於是我們就把手中的丟棄，去找最漂亮的那枚。時間慢慢地過去，潮水就要漲起來了，我們還是遺憾著沒有找到最漂亮的那一個，抱著寧缺毋濫的固執，扔下了手裡最後的那枚貝殼，結果兩手仍是空空的。

　　生命的過程就像撿貝殼一樣，好像最漂亮的總在後面，而我們所得到的總是不盡如人意。但是，我們不能拒絕接受，否則等你走到生命的盡頭時會發現，兩手空空，一無所有。即使你不在乎終老時擁有多少，但整個拾取、丟棄的過程也會充滿了不滿足，充滿了不快樂。

　　一個圓環被切掉了一塊，圓環想使自己重新完整起來，於是就到處去尋找丟失的那一塊。

　　由於它的不完整，所以滾得很慢。它欣賞路邊的小花，與蟲子聊天，享受陽光。在此過程中，它發現了許多不同的小塊，但沒有一塊適合它。於是，它繼續尋找著。

　　終於有一天，圓環找到了非常適合的小塊。它高興極了，裝上那個小塊，它終於成為完美的圓環了。然後，它又滾了起來，它能夠滾得很快，以致無暇注意小花和蟲子。

幸福的感受

當它發現,飛快地滾動使得它的世界再也不像以前那樣精采時,它停下來,把那一個小塊又放回路邊,然後緩慢地向前滾去。

其實,我們每個人都是一個不完整的圓,生命中有些東西原本是可以捨棄的,若過於追求完美的結局,就像那個完整的圓一樣,會失去很多曾經擁有的快樂。

沒有一個人是完美無瑕的,難道有缺點和不足就注定悲哀、默默無聞,無法成就大事嗎?其實,缺憾也是一種美,如同斷臂的維納斯。只要你把「缺陷、不足」這塊堵在心口上的石頭放下來,不要過度關注它,它就不會成為你的障礙。

然而,人總是熱衷於比較,很多痛苦便由此而來。比較的時候,人們看到的總是別人的歡樂,總是拿別人如意的地方和自己不如意的地方進行對比,總是自認為比別人差。人就是在這樣的生活中迷失了自己,讓原本的幸福與自己擦肩而過,每日都鬱鬱寡歡。實際上,根本不必如此,每個人都有痛苦的時候。人之所以痛苦,正是因為不知道有人比自己更痛苦。

人生,永遠都是有缺憾的。佛學裡把這個世界稱為「娑婆世界」,意思就是能容許各種缺陷的世界。這個世界本來就是有缺憾的,如果沒有缺憾就不能稱為「人世間」。在這個有缺憾的世間,便有了缺憾的人生。

存在缺憾的人生才是完整的

何止人生？世界上根本就沒有絕對完美的事物，完美的本身就意味著缺憾。其實，完美總包含某種不安，以及少許使我們振奮的缺憾。沒有缺憾，生活就會變得單調乏味。

對成功和完美人生的追求，是我們前進的動力，而對失敗的擔心，則讓我們不至於忘記心靈。當追求完美的心情逐漸沉澱下來，凝聚在心靈底層時，我們就可以由此出發，取得力所能及的成就。或許失敗會對我們造成沉重的打擊，但只有經歷這樣的打擊，我們那些不切實際的目標才會轉化為創造性的力量。完美往往只能存在於想像中，定義人性的並不是展翅高飛的精神，而是根植於生活中的心靈。

人想要追求完美，也只有在缺憾中去尋找，最輝煌的人生也有陰影陪襯。為了看到人生微弱的燈火，我們必須走進最深的黑暗。我們的人生劇本不可能完美，但是可以完整。當你感覺到缺憾，你就體驗到了人生五味，你便擁有了完整的人生——從缺憾中領略完美的人生。

正因為人的不圓滿，才會促使人不斷向上，渴望自身的圓滿。不圓滿從某種意義上來說，正是一個人靈魂提升的動力所在。因此，正視並珍惜你的不圓滿，努力向上，才是真正健康的心態。

幸福的感受

孤獨是偉人的氣質，但不是幸福

「許多年以後，面對行刑隊的時候，奧雷里亞諾‧波恩地亞上校（Colonel Aureliano Buendía）一定會想起父親帶他去看冰塊的那個遙遠的下午。」讀過加布列‧馬奎斯（Gabriel Márquez）的《百年孤寂》（*One Hundred Years of Solitude*）的人，可能永遠都忘不了這句話。將現在於不經意之間拋進未來的歷史之中，讓你慢慢咀嚼悠長的孤獨。

馬康多鎮（Macondo）古老的波恩地亞（Buendía）家族，為了打破孤獨，進行過各種艱苦的探索，也曾經在外來文化的衝擊下，努力地走出去尋找新的世界，儘管曾經畏懼和退縮，但他們還是拋棄了傳統的外衣，希望融入這個世界。然而，外來文化以侵略的態度吞噬這個家族，於是他們就在這樣一個開放的文明世界中持續著「百年孤寂」。

馬奎斯在《百年孤寂》中，表達的是拉丁美洲被排斥在現代文明世界之外的憤懣，也表現了拉丁美洲近百年的歷史及這塊大陸上人民獨特的生命力、生存狀態、想像力的倔強與自信。因為有了這種自信，孤獨是折磨，更是歷練。對國家與民族來說如此，對人也是如此。

通常，人的天性是不願意忍受長期孤獨的，長期的孤獨往往是被迫的。然而，正是在被迫的孤獨中，有些人的創造

孤獨是偉人的氣質，但不是幸福

力意外地得到了發展的機會。例如，冤屈或疾病把人隔絕於紛繁的世俗生活，人也會因此獲得觀看世界和人生的另一種新的眼光，而這正是孕育出偉大作品的重要條件。司馬遷經歷了屈辱之刑以後，於冷眼與孤寂中奮發圖強，完成了鴻篇鉅作《史記》。

然而，對於大多數天才而言，他們陷於孤獨並不是因為外在的強制，而是由於自身的氣質。西元 1860 年初秋，哲學家叔本華安靜地去世了。這位偉大的哲人安心地在自己的思想王國裡做了一輩子孤家寡人，他堅信：「所有偉人都不免孤獨 —— 雖然人們對於這種命運時常扼腕，但是兩害取其輕，他們還是寧願選擇孤獨。」

孤獨是人生的重要體驗。因為唯有在孤獨中，人才能與自己的靈魂相遇；也唯有在孤獨中，人的靈魂才能得以與上帝、與神祕、與宇宙的無限之謎相遇。與人交往的過程中，人面對的是部分人群；而在獨處時，人面對的是整體和萬物之源。這種面對整體和萬物之源的體驗，便是一種廣義的人生體驗。

在實際生活中，人們常常把無聊、寂寞、孤獨混為一談。其實，無聊、寂寞、孤獨是三種不同的心境。無聊是把自我消散於他人之中的欲望，它尋求的是一種消遣；寂寞是自我與他人共在的欲望，它尋求的是普通的人間溫暖；孤獨是把他人接納到自我之中的欲望，它尋求的是理解。無聊者

幸福的感受

自厭，寂寞者自憐，孤獨者自足。

庸人會感覺到無聊，天才會感覺到孤獨，所有人都會感覺到寂寞。然而，對於有些不幸的天才來說，他們最大的不幸並不是無人能夠理解，而是得不到普通的人間溫暖，因為精神上的孤獨是可以用創造來慰藉的。因此，諸如尼采、梵谷等人，在世時就成了被人群遺棄的孤魂。生活在這個世界上，沒有任何一個人是願意完全孤獨的。

在實際生活中，偉人也渴望有個好伴侶，如果沒有，那是因為運氣不好，並非自己的主動選擇。人無論偉大還是平凡，真實的幸福都是很平凡、很實在的。天賦和事業只能決定一個人是否優秀，不能決定他是否幸福。貝多芬是一個不幸的偉人，泰戈爾是一個幸福的偉人，評判的標準就是他們在婚戀和家庭問題上的不同遭遇。

抬頭仰望三尺青天，雄鷹飛得越高，就越找不到同類，燕雀從來不乏同伴與之對鳴。雄鷹是孤獨的，牠飛得高也望得遠，無論是空間高度，還是視野寬度，都占有無與倫比的優勢，視野之廣闊、胸懷之曠達，想必是燕雀們永遠想像不到的。然而，牠們真的幸福嗎？

愛的真諦

愛的真諦

愛使人生多采多姿

在古希臘神話中，愛神厄洛斯（Eros）是眾神中最古老、最受尊敬、最有威力的一位。他征服了眾人和凡人的靈魂，使他們通通喪失了理智。無論是天上還是地上的各種事物，都是由於他的干涉，而且是在他的參與之下，才得以發生。

愛情是人類精神中最深沉的衝動。愛使一個人成為人，如果一個人不努力發展自己的全部人格，並以此提高創造力，那麼每種愛都是失敗的；如果不具備愛他人的能力，如果不能真正謙恭地、勇敢地、真誠地愛他人，那麼人們在生活中永遠也得不到滿足。

人的一輩子並不長，要做的事情有很多，但最重要的事應該是了解和修習愛的藝術，因為只有這門課程才能使我們感受到生命的意義，感受到自我的存在，感到周圍人的存在，並體驗克服困境的艱辛和歡樂。

風靡一時的美國電影《金剛》（King Kong）中有一句非常經典的話：當野獸愛上美女的那一刻起，牠其實已經死了。沒錯，在人身上，最容易受到攻擊的地方是軟肋；在處世過程中，最容易被人利用的是弱點。一旦被別人抓住弱點，也就被擊中了要害。電影中的大猩猩若不是對女主角心存愛慕，以至於礙手礙腳，人類的先進武器也是奈何不了牠的。

愛使人生多采多姿

「金剛不是被飛機射死的，牠是被美麗害死的」，這是片尾畫龍點睛的一句話。因為野獸在愛上美女的那一刻起，牠就已經死了。

就連凶猛的野獸也具有愛人的欲望和本能，更何況我們人類呢？

愛可以讓兩個完全陌生的人一見鍾情，愛可以讓相隔萬里的兩個人牽腸掛肚，愛可以讓兩人至死不渝，這就是愛。愛可以讓自私的人變得偉大，也可以讓偉大的人變得自私。

我們因愛而生，因生而愛。試想如果沒有愛，人類是否可以生存至今？這個世界是否依然會如此美麗可愛呢？

在這個世界上，誰和誰的相遇不是偶然的呢？在茫茫人海中，兩個個體相遇的機率只是千萬分之一，前世的五百次回眸才換來今生的擦肩而過。而且在宇宙永恆的生成變化中，每一個生命的誕生也是極其偶然的事情。兩個偶然的生命偶然地相遇，這種相遇的機率簡直是微乎其微。世上並無命定的情緣，緣分皆屬偶然，好的情緣的魔力就在於，最偶然的相遇卻喚起了最深刻的愛的珍惜之感。

懂得惜愛的人必定有一顆溫柔愛人的心。當我們所愛的人遠行或離世，我們會不由自主地百般追念與他們相處時的美好時光，悔恨自己的疏忽和過錯。事實上，即使尚未生離死別，我們所愛的人何嘗不是正在逐漸離我們遠去呢？

愛的真諦

　　在平凡的日常生活中，也許你已經習慣了和你所愛的人相處，彷彿這樣的日子會無限地延續下去。可是，忽然有一天，你心頭一驚，想起時光正在飛快流逝，正在無可挽回地把你、你所愛的人及你們共同擁有的一切帶走。於是，你心中升起一股柔情，想要保護你的愛人免遭時光的侵蝕。你還深切地意識到，平凡生活中點滴的幸福也是彌足珍貴的，有著稍縱即逝的驚人之美……

　　我們正是透過友情、親情、愛情等這些最具體的愛，才不斷地建立和豐富了與世界的連繫。學會深深地愛一個人，你在此所建立的不只是與這個人的連繫，而且是與整個人生的連繫。一個從來不曾深愛過的人與人生的連繫也是十分薄弱的，他雖然生活在這個世界上，但他會感覺到自己始終是一個局外人。愛的閱歷決定了人生內涵的廣度和深度，一個人愛的閱歷越是深刻和豐富，他就越會深入和充分地生活。

　　人，終究是要死的。在這短暫的人生中，愛的時間有限，何不在有限的時間裡，獻出我們全部的愛呢？

結交志同道合的朋友

交朋友要找志趣相投的。一個人的朋友越多，與外界的連繫就越廣泛，他的生命力就越旺盛，生活得越充實。然而，朋友不是隨便交的，有共同志向、相似看法的人才能成為朋友。

人每逢失去一個朋友，就等於經歷一次死亡，而取得新的連繫、結識新的朋友，則會使我們獲得新的生命。對於人的思想也是如此，因為思想也具有生命。思想之所在，生命之所繫。如果你的思想局限於你的工作，局限於你的物質福利，局限於你居住的那個城鎮的小天地，那麼你過的就是一種狹隘而拘束的生活。反之，如果你關心周圍發生的事情，猶如你對一本優秀小說中的人物感興趣，你就會和那些饒有風趣的人們生活在一起；如果你全神貫注地傾聽優美的音樂，那你就會超脫現實環境，生活在一個充滿激情和幻想的世界中。

有些朋友可以與之共赴事業，卻無法共同建立某個東西，無法共同創業。所謂「兄弟同心，其利斷金」的事，在他們身上無法實現；另一些朋友可以共同創業，卻無法共同守業，所謂「打江山易，守江山難」，讓他手中握有權力，反而會讓他在錯誤的道路上越走越遠。

愛的真諦

　　管寧與華歆小時候是好朋友，結伴讀書。有一次，兩人一起在園中鋤菜，地上有一塊黃金，管寧視而不見，繼續揮鋤，視非己之財與瓦礫無異。華歆卻將黃金撿起來查看，仔細想過之後又把黃金丟棄了。此舉被管寧視之為見利而動心，非君子之舉。

　　還有一次，兩人同席讀書，外面路上有官員華麗的轎輿車馬經過，前呼後擁，十分熱鬧。管寧依舊與往常一樣安心讀書，而華歆卻忍不住將書本丟到一邊，跑出去看熱鬧。此舉被管寧視之為心慕官紳，亦非君子之舉。

　　於是，管寧毅然將二人同坐的蓆子割開，與華歆分坐，斷了交情，並說：「你不再是我的朋友。」

　　當朋友之間所追求的東西有著很大的差別時，朋友在以後的路上很可能會分道揚鑣。因此，朋友未必能夠與你一路同行，有的朋友可以一起學習、一起創業，但隨著人生經歷的變化，有時也會在一個關鍵問題上出現分歧，使友情破裂，繼而追求各自不同的人生。

　　如果把一塊將要熄滅的木炭靠近另外一塊燃燒著的木炭，燃燒著的木炭很容易就能引燃將要熄滅的木炭，但也有可能是熄滅的木炭使燃燒著的木炭熄了火。與人交往也是一樣，如果我們與他人頻繁地交往，我們就很可能被他們所同化，在不知不覺中接受他們的興趣、觀點、價值觀，以及他們的思考習慣。儘管他們沒有惡意，但可能他們對事物的判

結交志同道合的朋友

斷標準過於偏激，所以會對我們產生有害的影響。因此，鑒於這種巨大的危險，我們應該謹慎地與他人交往。與此同時，我們每個人都應該努力成為別人的益友，而不應該成為別人的損友。

古希臘有一個人的朋友處境很貧困，但這個人卻視而不見，不聞不問。蘇格拉底聽說這件事以後，就當著這個人和眾人的面問安提西尼（Antisthenes）：「安提西尼，朋友是不是也像奴隸一樣，有其固定的價值？比如，有的朋友也許無價，有的朋友則一文不值。據說尼克阿斯曾經為了買一個可以為他經管銀礦的人，花了整整一塔連的銀子。那麼，是不是像奴隸有一定的價值一樣，朋友也有一定的價值呢？」

安提西尼回答說：「的確如此。對我來說，有的人給我錢，我也不會和他做朋友，有的人我可能會不惜一切代價，想盡一切辦法，爭取做他的朋友。」

蘇格拉底說道：「如果是這樣的話，我們每一個人都得仔細反省一下，看看自己對於朋友的價值在哪裡。每一個人都應當使自己對朋友有盡可能多的價值，免得被朋友拋棄。經常有人在我面前說，自己被朋友拋棄了，朋友為了金錢而遠離他。對於這種情況，朋友就像一個個無用的奴隸，人們即使無法得到太多錢也願意把他賣掉。同樣地，人們也會在能夠得到更多價值的時候，把一個沒有價值的朋友拋棄。我從來不曾看到有人願意把一個有用的奴隸賣掉，同理，誰願意拋棄對自己有價值的朋友呢？」

愛的真諦

　　正如亞里斯多德所說：「真正的朋友，是一個靈魂孕育在兩個軀體裡。」假如一個人擁有了一位真正意義上的朋友，那麼就可以說他已經擁有了另外一個自我。這位摯友將與他合為一體，朋友富有，他也不會窮困；朋友強大，他便不會羸弱。假如其中一人過世，另外一人也會在對已過世的朋友的追憶中飽嘗人世的快樂。

　　生存還是毀滅，是熱烈而充實地生活，還是僅僅生存而已，取決於我們自己。讓我們擴大和加強與外界的連繫吧，既然活著，就要生活得更有意義。

學會分享，善於聆聽

《聖經》中記載了這樣一段人類歷史。

挪亞（Noah）及其家人依賴方舟逃過洪水大劫之後，天下人都說一樣的語言。挪亞的後代繁殖得越來越多，遍布各地。那時候，人們的語言、口音都沒有區別。他們往東邊遷移的時候，在示拿這個地方遇見一片平原，決定在那裡住下來。

在平原上，由於用作建築的石材取得不易，於是他們發明了製造磚的方法。用泥做成方塊，再用火煅燒，將磚當作石頭，又把石漆當作灰泥，建造起繁華的巴比倫城。

人們為自己的業績感到驕傲，他們決定在巴比倫修一座通天的高塔，以此傳頌自己的赫赫威名，並作為集合全天下兄弟的標記，以免分散。因為大家語言相通，同心協力，階梯式的通天塔修建得很順利，很快就高聳入雲。

然而，上帝不允許凡人達到自己的高度。他看到人們如此團結強大，心想：如果真的修成宏偉的通天塔，那以後還有什麼事做不成呢？於是，上帝離開天國來到人間，擾亂了人們的語言。此後，人們各自說著不同的語言，感情無法交流，思想很難統一，從而也就難免出現猜疑，各執己見，爭吵鬥毆。人類的誤解越來越深，通天塔最終未能建成。

通天塔未能建成,源於上帝的自私。就連上帝也有自私的時候,更何況是平凡的人類呢?

自私的人往往會收到更多的自私,而與人分享的人卻能獲得更多的分享。你把自己的熱心與人分享,你就會獲得更多的熱心;把自己的樂趣與人分享,你會品嘗到更大的樂趣。

自私的人不願與別人分享,認為分享會使自己有所損失。實際上,只有分享,你才會感到更輕鬆、更快樂。一份幸福與一百個人分享,就會變成一百份幸福。有這麼多的幸福環繞在你的四周,那將是一種怎樣的快樂?學會與別人分享你的一切,你會擁有意想不到的收穫。

無論一個人看到怎樣的美景奇觀,如果他沒有機會向人講述,他就不會感到快樂。快樂,如果不與人分享,就稱不上真正的快樂;痛苦,如果沒有人與之分擔,就會成為最可怕的痛苦。當然,所謂分享和分擔,未必要有人在場,但至少要有人知道。永遠沒有人知道,痛苦就會成為絕望,而快樂同樣也會變成絕望。

上帝在造人的時候,只給了一張嘴,卻給了兩隻耳朵,大概就是為了讓我們少說多聽,學會聆聽他人的心聲。

一般來說,人們通常對與自己相關的事更感興趣、更加在乎。一旦有人專心聆聽我們的談話,我們就會感到自己被重視、被尊重、被理解,從而獲得極大的滿足感;而一旦感

覺到對方並沒有耐心聽自己講話，或者把自己的話當成耳邊風，心裡就會自然地湧起不滿。

在與人交往的過程中，我們要將心比心，任何一個人都希望得到對方的尊重與認可。因此，當我們與朋友交往時，千萬不要只顧自己的感受，一味把自己的心事與對方分享，卻對朋友的想法毫不在意。現實生活中有很多這樣的人，他們是人群中的活躍者，喜歡以自我為中心，在喋喋不休中讓自己占盡談話的「風頭」，甚至徹底忽視了別人的談吐欲望。這樣做只會傷害到對方，也會使自己受到他人的厭惡。

將我心比照你心，就如同送人一盞明燈，會照亮兩個人乃至更多人。讓寬容多於固執，讓熱忱多於漠然，幸福的就會是一群人。如果說「雪中送炭」、「錦上添花」需要在物質上煞費苦心，那麼將心比心僅僅需要一個眼神、一句話語、一個動作，卻往往比物質上的餽贈更加自然、更加貼心，而友情也會歷久彌堅。

愛情總是美好的嗎?

每一個夜晚／在我的夢裡我看見你／我感覺到你／我懂得你的心／跨越我們心靈的空間／你向我顯現你的來臨／無論你如何遠離我／我相信我心已相隨／你再次敲開我的心扉／你融入我的心靈／我心與你同往……

這首〈我心永恆〉(*My Heart Will Go On*),作為電影《鐵達尼號》(*Titanic*)的主題曲,盡顯悠揚婉轉而又淒美動人,深受人們的喜愛。然而,人們喜愛的不僅僅是這首歌曲本身,更在於這首歌曲代表著愛情的美好與永恆。

愛情猶如一劑良方,可以把我們從缺乏幻想的單調生活中解救出來,可以使我們的想像力不再流於貧乏,可以使我們過度理智的生活重新煥發出浪漫的光彩。愛情給我們自由,讓我們進入充滿想像的神聖世界,使我們的心靈得以擴張,流露出原本被凡俗生活掩蓋的渴望與需求。柏拉圖式的戀愛,並不僅僅是「沒有性行為的愛情」那麼簡單,而是在人的肉體和人際關係之中,尋找通往永恆之愛的路徑。

然而,愛情絕對不是單純的。過去的糾葛,未來的希望,以及各種雞毛蒜皮的瑣碎小事,只要與對方有一點點關係,都會對愛情產生深遠的影響。

愛情總是美好的嗎？

我們總是期待著愛情的撫慰，卻時常驚訝地發現，它也能在我們心中留下空虛和裂痕。分手的過程經常是漫長而痛苦的，永遠無法真正了結。我們可能永遠也無法確定分手的決定究竟是對是錯，即使分手能讓心靈獲得些許寧靜，但當初熱戀的激情也會留存在記憶中，在夢境中反覆出現。沒有機會表達的愛，同樣會折磨人們的情感。

充實與空虛，正好是愛情的正反兩面。一段新的戀情，可以撫平我們心中的創傷，讓我們的生命更加圓滿。同時，又會為我們帶來新的問題，新的痛苦。然而，我們可以完全不在乎，因為愛情本身具有一種自我復甦的力量，它永遠是年輕的。因此，與其在失戀的痛苦無望中形銷骨立，不如坦然接受愛情造成的空虛，因為空虛是愛情的一部分。我們不必刻意避免重蹈覆轍，遭受失戀的打擊之後，我們所能做的就是驅散心中的懷疑，再度投入愛情中，儘管我們已經體驗到了其中的黑暗和空虛。

未經失戀的人不會懂得愛情，未曾失意的人也不會懂得人生。愛一個人，這個人就成為了自己的一切，除了他之外的整個世界似乎都不存在了。那麼，一旦失去了這個人，是否就失去了一切呢？不，正好相反，整個世界又在我們面前展現了，我們重新得到了一切。

愛情是這樣一種欲望：和某種美好的事物結合在一起，

愛的真諦

俗世的樂趣通常能夠引領我們通往永恆的精神享受。愛情既是兩個人之間純粹世俗的關係，也是通往心靈深層經驗的途徑。愛情讓身處其中的人感到困惑，因為它對心靈的影響，並不總是和人際關係的節奏與需求協調一致。

一個人的愛情經歷並不限於與某一個或某幾個特定異性之間的恩恩怨怨，更包括對於整個異性世界的整體感受。真正的愛，並不僅是從一而終地愛一個人，也不意味著可以隨心所欲地愛很多人，而是即使愛情離去，即使要忍受巨大的痛苦與空虛，仍然可以保有一顆愛人之心。

愛情不是人生中一個凝固不變的點，而是一條流動的河。這條河中有壯觀的激流，也必然會有平緩的流程；有明顯的主航道，也可能會有支流和暗流。除此之外，天上的雲朵和兩岸的景物會在河面上投射出倒影，遲來的風雨會在河面上吹起漣漪，打起浪花。所有這一切都是這條河的一部分，共同組成了我們生命中美麗的愛情風景。

墜入情網不是真正的愛情

有這樣一個愛情故事：大學時，為了留在他的身邊，她獻出了寶貴的第一次；大學畢業了，為了留住她所深愛的人，她與他結婚了；幾年後，為了讓他回心轉意，她為他生了一個孩子；又過了幾年，當婚姻和孩子都留不住他時，女人自殺了。

多麼淒美的愛情故事，多麼絕情的男人，多麼痴情的女人。可是，她真的愛他嗎？

其實，她並不愛他，她只是墜入了情網。

墜入情網，不是出於主觀意願，不是有計畫、有意識的選擇。無論懷有怎樣的期待，沒有機遇和緣分，就永遠無法體會到戀愛的感覺，愛的情網，也不會為你張開。然而，情網猶如一位不速之客，往往不請自來。你完全可能愛上某個與你毫不相稱的人，甚至不願接受對方身上的缺點，但你會對對方產生深深的依戀；與此同時，也許另一個人各方面都很出色，值得你全身心去愛，你卻始終不能墜入情網。

在生活中，人們常常把墜入情網當成愛情。墜入情網的人，常常激情洋溢地表白：「我愛他（她）！沒有他（她）我就活不了！」這只是一種主觀願望罷了，而你不知道什麼時

候，陷入了這種深深的恐懼中。你堅信自己需要被別人認同；你堅信離開了另外一個人，你無法生活。所以如果那個人不在了，你就無法活下去。

其實，是內心的恐懼讓你深陷情網之中。墜入情網的「愛」不會持續太久，不管愛的對象是誰，早晚我們都會從情網的羈絆中掙脫出來。當然，這並不意味著我們不再愛對方、不再愛與我們墜入情網的人，但令人頭暈目眩的戀情，終究有一天會徹底消失。如同美好的蜜月期，遲早是會結束的；猶如鮮豔的花朵，勢必將枯萎凋零。

起初，墜入情網的人活在自我界限之中，因而為自己帶來孤寂。他們認為世界充滿了險惡，自我界限是一張保護傘。由於長時間的忍受寂寞和孤獨的煎熬，使他們不堪重負。於是，他們便衝出自我界限的牢籠，選擇了墜入情網，這樣似乎能夠擺脫孤獨和寂寞。突然衝出自我界限的情感就像決堤的洪流，聲勢浩大地湧向所愛的人，於是寂寞消失了，取而代之的是難以言喻的狂喜感。

但是，殘酷的現實，遲早會擊碎我們墜入情網的愛情之夢。日常瑣事和難題，會使伴侶之間產生各種對立和衝突：女人想要看電影，男人卻想留在家裡打遊戲；女人想談談自己的工作，男人卻想安安穩穩地睡一覺；女人想留在家裡整理家務，男人卻想出去旅行；女人想拿錢買居家用品，男人

墜入情網不是真正的愛情

卻想把錢存進銀行⋯⋯這時，雙方都驚訝而痛苦地意識到，自己沒有跟對方融為一體，欲望、愛好、想法相去甚遠，局面好像難以改變，差距好像無法縮短。各自的自我界限就會重新被喚起，他們又恢復成為兩個不同的個體。幻覺破滅，便可能面臨勞燕分飛的局面。

墜入情網的感覺是虛幻的，只能持續短暫的時間，常常與現實脫節。墜入情網，只能使自我界限的某一部分，發生暫時性的崩潰。一旦墜入情網的經歷終結，美好時光歸於結束，自我界限必然恢復原狀，你感受到的只是失落和幻滅，而心靈絕不會因此成長。墜入情網不是真正的愛，僅僅是一種幻覺而已。情侶只有脫離情網，才能夠真正相愛。真愛的基礎不是戀愛，甚至沒有戀愛的感覺，也無須以此作為基礎。

真正的愛，是一種自我完善的特殊體驗。陶醉在愛的情感裡，我們感覺靈魂無限延伸，奔向心愛的對象。我們渴望帶給對方滋養，我們希望對方成長。如此一來，迫使我們產生衝動，想把激情乃至生命獻給對方。如果能夠對某種事物產生長期的愛，使我們生活在全神貫注的境界裡，自我界限就會延伸。延伸到一定程度就會歸於消失，而我們的心智就會成熟，愛不斷釋放，自我與世界的區別就會越來越模糊，我們也會與外在世界融為一體。

随著墜入情網的徹底終結,我們會一次又一次產生狂喜,因為我們與所愛的對象已經真正結合了。也許,它不比墜入情網的激情更加狂熱,但它更加穩定和持久,也會使我們更為滿足和愜意。

有緣才能成為一家人

今生今世，我們為什麼會成為一家人？對此，佛認為這是緣分，前世的四種緣分造就了今世的一家人。佛說的這四種緣分別是：報恩、報怨、討債、還債。由於有了這四種緣分，父母與子女在愛之中開始了今生今世的共同修行。

作為父母，愛孩子不同於愛妻子，不同於愛丈夫，也不同於愛雙親，愛兄弟姐妹。這種愛是一種混合體，其中有同情和憐愛，有幸福和美好，有快樂和悲傷，有放心和掛慮，有自私和袒護，有恐懼和期盼。孩子是行走在天地間的父母的心肝，一旦孩子發生意外和危險，稍微有一些風吹草動，父母都會嚇得心驚膽顫，彷彿將失去心中最寶貴的東西。

為了孩子，即使是世界上最偉大的人也會出現在孩子的遊樂場上，而且毫無應有的莊重和威嚴，甚至比那些少年還要頑皮和淘氣。其實，此時的他們絕非僅為了讓孩子高興而強作歡顏，他們大多是從孩子身上發現了自我，感到自己變年輕了，像年輕人一樣嬉戲打鬧。於是，他們獲得了最大的享受，感到了無比的快活。為了孩子，世界上最偉大的人也可以給孩子當坐騎，讓他們騎在背上而不覺得有傷大雅、有失身分，這時他們已無力將自己的心肝裝回胸腔，至於是放在胸脯上還是後背上是完全一樣的。

愛的真諦

當然，有些父母也許有過這樣的想法：他們很愛孩子，但又希望他們不曾生下來。父母希望孩子不曾來到這個人世，是因為怕他們經不起塵世七災八難的折磨，這種希望就是他們對孩子至深的愛。這就是父母之愛，世界上最偉大的愛，對於這種愛的理解，有誰可以最清楚、最準確地描述出來嗎？只有孩子長大為人父母後，才能真正品味做父母的滋味。

其實，付出比獲得更能激發愛。愛是一份伴隨著付出的關切，我們確實最愛我們傾注了最多心血的對象。父母對兒女的愛很像詩人對詩歌的愛，他們如同創作一般在兒女身上傾注了全部的精力與心血，兒女如同詩歌一樣展現了他們的價值。做父母的可以為子女受苦、奉獻、犧牲，這樣的情誼真的是恩重如山。做了父母的人才會知道，受苦就是享樂，奉獻就是收穫，犧牲也是滿足。所以，如果要說愛，那也是互相的。而且，越有愛心的父母，越會感到所得遠遠大於所予。

當父母陶醉於孩子的可愛時，絕對不會以恩人自居。一旦以恩人自居，就必定是已經忘記了孩子曾經帶給他們的巨大快樂。父母對孩子的愛是一種自私的無私，一種不為公的捨己。這種骨肉之情若陷於盲目，就可以使你為孩子犧牲一切，包括你的天下。

自古以來，歷史上醞釀過多少陰謀，爆發了多少戰爭，殘害了多少無辜的生靈，其原因就是為了替自己的血親之子爭奪王位。而對於能夠繼承遺產的人來說，又有多少人的斂財貪欲惡性膨脹，他們不但要此生此世不愁吃穿，還要世世代代永享富貴。

　　然而，那個揪著正在和同伴們嬉戲玩耍的兒子的耳朵，強硬地把他推上皇帝寶座的母親，並不是真心愛她的兒子；那個奪走女兒手中的破布娃娃，硬塞給女兒一枚金幣的父親，也並不是愛他的女兒。其實，他們愛皇位和金幣遠遠勝過愛那幼小純潔的生命。如果皇位的繼承迫在眉睫，刻不容緩，而這位母親卻擋在前來擁戴小皇子即位的官員們面前說：「我的孩子玩得正高興，別打擾他，誰想做皇帝就讓誰做吧！」如果股票上漲，機不可失，而這位父親卻對自己說：「我必須幫我的女兒找到她心愛的破布娃娃，賺不賺錢無所謂，重要的是我的女兒要開心！」那麼，我們不得不承認，這才是真正懂得愛孩子的父母。

　　父母就是孩子的屏障，總是庇護著孩子。無論一個人到了多大年齡，當父母離世了，他就成了一個孤兒。他走入這個世界的門戶，他走出這個世界的屏障，都隨之崩塌了。父母健在時，他的來路是清楚的，他的去路則被遮掩著。父母不在了，他的來路就會變得模糊不清，而他的去路反而敞開了。

愛的真諦

尋找與人交往的最佳距離

為了研究刺蝟在寒冷冬天的生活習性,生物學家做過一個實驗。

他們把十幾隻刺蝟放到戶外的空地上,這些刺蝟被冷得渾身發抖。為了取暖,牠們只好緊緊地靠在一起,但互相靠攏後,又因為忍受不了彼此身上的長刺,很快又分開了。

然而,天氣實在太冷了,牠們又不得不靠在一起取暖,靠在一起的刺痛又迫使牠們再度分開。

就這樣,反反覆覆地分了又聚,聚了又分,不斷地在受寒與受刺之間掙扎。最後,刺蝟們終於找到一個適中的距離,既可以互相取暖,又不至於被彼此刺傷。

靠得太近,身上會被刺痛;離得太遠,又冷得難受。寒冬中的刺蝟是這樣,現實中的人又何嘗不是如此呢?作為社會中的人,尋找同伴、融入群體都是一種本能,但保持自我的個性同樣是人性的一部分。很多朋友在熟識之後不分你我、十分親密,其實是犯了人際關係中的大忌。

一切交往都有不可超越的界限。在兩個人之間,這種界限是不清晰的,然而又是確定的,一切麻煩和衝突都來源於無意中想突破這個界限。但是,一旦這個界限清晰可辨並且

嚴加遵守，那麼交往的全部魅力就會喪失，從此情感退出舞臺，理智登場維持著秩序。

在任何兩人的交往中，必然存在一個適合於彼此契合程度的理想距離，越過這個距離，就會引起相斥和反感。這一點既適用於愛情，也適用於友誼。

每個人都需要一個獨立的空間，不能與他人毫無距離地交往，如果他人超越了自己的安全底線就會感覺到不舒服，這種因擔心他人窺知自己過多資訊或發現自己過多缺點，從而產生的不安全感，足以葬送掉曾經非常深厚的友誼。

「己所不欲，勿施於人。」這是要我們學會將心比心，不把自己認為邪惡的、痛苦的、災禍的東西強加給他人。「己所不欲，卻施於人」，這是一種損人利己的自私行為，把自己的快樂建立在他人的痛苦之上，這種行徑是對他人的嚴重侵犯。

還有一種人，將自己認為美好、快樂、幸福的東西強加於人，這同樣是對他人的嚴重侵犯。為什麼這樣說呢？因為每個人的價值取向都是有所差別的，對善惡、是非、苦樂等所持的價值觀念也有所差別。如果他人並不和你一樣認為它們是美好、快樂、幸福，這樣做豈不是對別人的嚴重侵犯？

在實際生活中，更多的紛爭起源於強求別人接受自己的趣味、觀點、立場。大到在信仰問題上，試圖以自己所信奉

的某種教義統一天下，甚至不惜為此生靈塗炭；小到在思考方式、興趣愛好、生活習慣、藝術欣賞等方面，人們時常認為自己所堅持的是正確的，與自己相異的則是錯誤的。

大多數人很難意識到「己所欲，強施於人」是錯誤的做法。他們認為，以「己不欲，施於人」是明顯的惡，出發點就是害人；而「己所欲，施於人」的動機卻是善的，是為了助人、救人、造福於人，怎麼能說這是對他人的侵犯呢？殊不知在人類歷史上，以救世主自居的世界征服者們造成的苦難遠遠超過一般的歹徒，如那些奪權篡位的佞臣賊子，哪一個不是打著救世濟人的旗號胡作非為。因此，己所欲的未必是人所欲，同樣也是不可施於人。

如果說「己所不欲，勿施於人」是一個文明人最起碼應該具備的素養，它反對的是對他人的刻意傷害，那麼，「己所欲，勿施於人」便是一個文明人所應具備的高級修養，它尊重的是他人的獨立人格和精神上的自由，這是一種互相尊重的高尚情操。

人與人之間應當保持一定距離，這是每個人必要的自我生存空間。車與車太近，易出車禍；柴與火太近，會起火災；人與人太近，矛盾叢生。人與人的相處猶如鐵軌的兩側，唯有互相平行才能並肩走遠，一旦親密無間，心靈空間的局限就會束縛住彼此的自由。

將心關得太緊，容易缺氧；把心完全敞開，又容易著涼。不妨追求一種如水似蘭般恬淡的君子之交：水，清澈、透明、純潔；蘭花，淡泊、寧靜、致遠。

愛的眞諦

博愛是愛的最高境界

人與人之間、部落與部落之間、種族與種族之間、國家與國家之間，為什麼會有仇恨呢？因為利益的爭奪、觀念的差異、隔閡、誤會，等等。一切仇恨都起源於人的狹隘與局限。

提到復仇，人們自然而然就會想到《咆哮山莊》(Wuthering Heights)，英國女作家勃朗特三姐妹之一——艾蜜莉・勃朗特（Emily Brontë）的作品。這是一個經典的愛情與復仇的故事。

咆哮山莊的主人，鄉紳恩蕭先生（Mr. Earnshaw）帶回來一個身分不明的孩子，取名希斯克利夫（Heathcliff），他奪取了主人對小主人辛德利・恩蕭（Hindley Earnshaw）和他的妹妹凱薩琳・恩蕭（Catherine Earnshaw）的寵愛，因此遭到辛德利的嫉恨。主人死後，辛德利為了報復把希斯克利夫貶為奴僕，並百般迫害，但凱薩琳跟希斯克利夫親密無間，青梅竹馬。後來，凱薩琳受到外界影響，愛上了畫眉田莊的文靜青年埃德加・林頓（Edgar Linton）。

希斯克利夫憤而出走，三年後致富回鄉。這時，凱薩琳已經嫁給埃德加。希斯克利夫為此對埃德加和辛德利進行了瘋狂的報復，透過賭博奪走了辛德利的家產。辛德利酒醉而

死，他的兒子哈里頓‧恩蕭（Hareton Earnshaw）成了奴僕。此外，希斯克利夫還故意娶了埃德加的妹妹伊莎貝拉‧林頓（Isabella Linton）並進行迫害，而內心痛苦不堪的凱薩琳也在生產中死去。

十年後，希斯克利夫又施計使埃德加的女兒小凱薩琳‧林頓（Cathy Linton）嫁給自己即將死去的兒子小林頓‧希斯克里夫（Linton Heathcliff）。接著，埃德加和小林頓都死了，希斯克利夫把埃德加的財產據為己有。

希斯克利夫復仇成功了，但他無法從對死去的凱薩琳的戀情中解脫出來，最終不吃不喝，苦戀而死。小凱薩琳和哈里頓繼承了山莊和田莊的產業，兩人一起在畫眉田莊成家。

小說以希斯克利夫達到復仇目的而死告終。他的死是一種殉情，表達了他對凱薩琳至死不渝的愛，一種生不能同衾、死也求同穴的愛的追求。而且，他在臨死前放棄了在下一代身上報復的念頭，表明他的天性本來是善良的，只是由於殘酷的現實扭曲了他的天性，迫使他變得暴虐無情。這種人性的復甦是一種精神上的昇華。

愛是博大的胸懷，這種胸懷可以容下一切事物。無論是美麗的風景還是艱難的困境，無論是親人朋友還是對手敵人，心中有愛則可包容萬物。這意味著，我們在愛我們所能接受的一切時，也要愛我們所難以接受的。在愛我們所愛之前，先愛我們所恨的，這是修練博愛的至高準則。

愛的眞諦

作為父母愛自己的孩子,作為丈夫愛自己的妻子,作為一個處在各種人際關係中的人,愛那些善待自己的人,這有何難呢?作為某族的一員憎恨敵族,作為某國的臣民憎恨敵國,作為正宗的信徒憎恨異教徒,作為有情欲之人憎恨傷害你的感情、損害你的利益的人,這又有何難呢?難的是你超越所有這些局限,不受狹隘的本能和習俗的支配。

古希臘的大哲學家蘇格拉底,有一天和一位老朋友在雅典城裡漫步,一邊走一邊聊天。

忽然,有一個莫名其妙的人衝了出來,用棍子打了蘇格拉底一下就逃走了。蘇格拉底的朋友立刻回頭要去找那個人算帳,但蘇格拉底拉住了他,不准他去報復。

「你怕那個人嗎?」

「不,我絕不是怕他。」

「人家打了你,你為什麼不打回去呢?」

蘇格拉底笑著解釋說:「老朋友,你別生氣。難道一頭驢子踢你一腳,你也要還牠一腳嗎?」

有人打了你的右臉,你就一定要回打他嗎?你回打了他,他再回打你,仇恨相生,冤冤相報,何時能終了?那個打你的人在打你的時候,由於被胸中的怒氣支配,所以他是狹隘的,而你又被他激怒,那麼你就和他一起困在狹隘之中,並可能會成為狹隘的奴隸。

愛自己所喜歡的事物並不難，難在我們對無禮、冒犯也能抱以忍耐與寬容。因此，最廣博的愛不僅僅是愛己所愛，它還是一種忍耐和寬容，是對自己所恨之物的包容。愛自己所愛之前先愛自己所恨，我們將獲得愛的最高體驗。

國家圖書館出版品預行編目資料

不過是向死而生！看透死亡本質的13堂課：從死亡恐懼中學習成功的智慧 / 徐文 著. -- 第一版. -- 臺北市：財經錢線文化事業有限公司, 2025.01
面；　公分
POD 版
ISBN 978-626-408-143-6(平裝)
1.CST: 生命哲學 2.CST: 死亡
191.91　　　　　　114000119

電子書購買

爽讀 APP

不過是向死而生！看透死亡本質的13堂課：從死亡恐懼中學習成功的智慧

臉書

作　　　者：徐文
責任編輯：高惠娟
發　行　人：黃振庭
出　版　者：財經錢線文化事業有限公司
發　行　者：崧燁文化事業有限公司
E - m a i l：sonbookservice@gmail.com
粉　絲　頁：https://www.facebook.com/sonbookss/
網　　　址：https://sonbook.net/
地　　　址：台北市中正區重慶南路一段 61 號 8 樓
8F., No.61, Sec. 1, Chongqing S. Rd., Zhongzheng Dist., Taipei City 100, Taiwan
電　　　話：(02) 2370-3310　　傳　　真：(02) 2388-1990
印　　　刷：京峯數位服務有限公司
律師顧問：廣華律師事務所 張珮琦律師

-版權聲明-

本書版權為樂律文化所有授權財經錢線文化事業有限公司獨家發行電子書及紙本書。
若有其他相關權利及授權需求請與本公司聯繫。
未經書面許可，不可複製、發行。

定　　　價：399 元
發行日期：2025 年 01 月第一版
◎本書以 POD 印製